Stephan Mayer-Reinach

Mit der Liebe ans Ziel

Das Buch

Dieses Buch entwirft mögliche Antworten zu Fragen der Selbstfindung, Partnerschaft und Liebe. Durch die geschilderten authentischen Gespräche, die mit Sicherheit für uns nicht abstrakt bleiben, haben wir die Möglichkeit, tiefere Einsichten in uns selbst zu finden, um so zu mehr Selbsterkenntnis zu gelangen. Ein Buch, in dem sich wirklich jeder wiederfinden wird.

Der Autor

Stephan Mayer-Reinach ist seit einigen Jahren in Hamburg mit eigener Praxis als psychologischer Lebensberater tätig. Seine Ausbildungsschwerpunkte lagen im Bereich Psychologie, Philosophie und Soziale Ethik.

Stephan Mayer-Reinach

Mit der Liebe ans Ziel.

Gespräche aus der psychologischen
Beratungspraxis

Bibliografische Information der Deutschen National-bibliothek

Die Deutsche Nationalbibliothek verzeichnet diese Publikation in der Deutschen Nationalbibliografie; detaillierte bibliografische Daten sind im Internet über http://dnb.dnb.de abrufbar.

2. Auflage 2007

Herstellung und Verlag: Books on Demand GmbH, Norderstedt

ISBN: 978-3-8334-9230-3

„Ich kann ein Buch lesen, und wenn ich es gelesen habe, habe ich verstanden, was der Autor sagen wollte – nichts weiter. Wenn ich will, kann ich auch über dieses Buch reden. All dies kann in einer reinen Konsumentenhaltung vor sich gehen. Ich kann ein Buch aber auch so lesen, dass dabei in mir selbst etwas zum Leben kommt, etwa dass mir neue Gedanken kommen. Ich setze mich also mit dem Buch tatsächlich auseinander und bin ein veränderter Mensch, wenn ich das Buch gelesen habe. Bin ich nach dem Lesen noch der gleiche, dann taugt entweder das Buch nichts, oder ich tauge nichts, weil ich das Buch nur konsumiert habe."

Erich Fromm

„Ein Buch muss die Axt sein für das gefrorene Meer in uns."

Franz Kafka

Es gibt keinen Fortschritt auf dieser Welt
solange es noch ein unglückliches Kind gibt.

Albert Einstein

Inhalt

Vorwort

Seit vielen Jahren bin ich in Hamburg als selbständiger psychologischer Berater tätig. In dieser Zeit sind viele interessante Gespräche entstanden, wovon ich einige in diesem Buch wiedergeben möchte. Ich habe Unterhaltungen ausgewählt, die sich besonders mit Fragen der Selbstfindung, Partnerschaft und Liebe auseinander setzen. Ich habe mich für die Wiedergabe persönlicher Gespräche in diesem Buch entschieden, da ich glaube, dass wir uns viel mehr in den Beispielen anderer wiederfinden können als in bloßen theoretischen Abhandlungen. Diese haben zwar durchaus ihre Berechtigung, jedoch bleibt die Theorie nur allzu oft abstrakt. Ich hoffe aber, dass Sie sich anhand der persönlichen Gespräche in eine vertiefte Auseinandersetzung mit sich selbst begeben können.

Ich gebe die Gespräche als Gedächtnisprotokoll in wörtlicher Rede wieder, um ihren tatsächlichen Ablauf darzustellen. Dabei habe ich auf unbedeutende Details verzichtet. Aus Gründen der Ethik und der Schweigepflicht habe ich die Namen aller Personen verändert. Auch habe ich darauf geachtet, dass die Identifizierung einer Einzelperson nicht möglich ist. Es handelt sich jeweils immer um ein oder zwei Gesprächsstunden. Spätere Sitzungen gebe ich in diesem Buch nicht wieder. Dadurch handelt es sich nur um wichtige Fragmente der Gesamtberatung.

Die Liebe - nur eine Illusion?

Wie können unsere Kinder von Liebe singen,

Wenn sie in der Kälte unserer Zeit

Seelisch erfrieren?

Wie dürfen wir von Liebe schwärmen,

Wenn wir uns für Kriege entscheiden

Und mit Bomben

Kindern den Blick zum Himmel verwehren?

Wie kann ein Kind den Duft der Liebe erkennen,

Wenn wir nicht den Mut aufbringen,

Freiheit als erstrebenswert zu erwähnen?

Wie wollen wir unseren Kindern begreiflich machen,

Dass wir ihnen eine ungerechte Welt

Ohne Liebe vermachen?

Liebe spürt der Mensch, der versucht zu verstehen
Und dabei erkennt, dass er wohl doch nichts versteht;
Liebe spürt der Mensch, der alle Kinder liebt
Und der weiß, dass sie doch so viel klüger sind;
Liebe spürt der Mensch, der den Tod nicht fürchtet,
Da er doch weiß, dass nur ein Sterblicher leben kann.

Gespräche aus meiner Beratungspraxis

„Was weiß ich schon von mir, wenn ich nicht weiß, dass das Bild, das ich von mir selbst habe, zum größten Teil ein künstliches Produkt ist und dass die meisten Menschen - ich schließe mich nicht aus - lügen, ohne es zu wissen? Was weiß ich, solange ich nicht weiß, dass „Verteidigung" Krieg bedeutet, „Pflicht" Unterwerfung, „Tugend" Gehorsam und „Sünde" Ungehorsam?

Was weiß ich, solange ich nicht weiß, dass die Vorstellung, dass Eltern ihre Kinder instinktiv lieben, ein Mythos ist? Dass Ruhm sich nur selten auf bewundernswürdige menschliche Qualitäten und häufig nicht auf echte Leistungen gründet? Dass die Geschichtsschreibung verzerrt ist, weil sie von den Siegern geschrieben wird? Dass betonte Bescheidenheit nicht unbedingt ein Beweis für fehlende Eitelkeit ist? Dass Liebe das Gegenteil von heftiger Sehnsucht und Gier ist?

Was weiß ich schon von mir, wenn ich nicht weiß, dass jeder versucht, schlechte Absichten und Handlungen zu rationalisieren, um sie edel und wohltätig erscheinen zu lassen? Dass das Streben nach Macht bedeutet, Wahrheit, Gerechtigkeit und Liebe mit Füßen zu treten? Dass die heutige Industrie-Gesellschaft vom Prinzip der Selbstsucht, des Habens und des Konsumierens bestimmt ist und nicht von den Prinzipien der Liebe und Achtung vor dem Leben, die sie predigt? Wenn ich nicht fähig bin, die unbewussten Aspekte der Gesellschaft, in der ich lebe, zu analysieren, kann ich nicht wissen, wer ich bin, weil ich nicht weiß, in welcher Hinsicht ich nicht ich bin."

Erich Fromm

Ein persönliches Gespräch:

Klaus, 51 Jahre, Schauspieler

»Ich bin sehr erfolgreich
und trotzdem nicht glücklich.«

Klaus: »Ich habe Sie heute aufgesucht, da ich einige Fragen habe, die ich mir selbst nicht mehr beantworten kann. Wie Sie sicherlich wissen, bin ich ein erfolgreicher Schauspieler und Theaterdarsteller. Es gab mal Zeiten, in denen ich mich um Fernseh- und Theaterrollen bemühen musste. Heute ist das erfreulicherweise ganz anders. Denn Filmangebote bekomme ich am laufenden Band und kann mir sogar aussuchen, welche Rollen ich besetzen möchte. Am liebsten inszeniere ich mich aber auf der Theaterbühne, da mir diese Form am lebendigsten erscheint. Wirke ich dagegen in einem Spielfilm mit, müssen unendlich viele Szenensequenzen gedreht werden, bis der Film endlich fertiggestellt ist, und das kann schon sehr ermüdend sein.

Ich habe ein großes Ansehen in der Filmbranche, da ich dafür bekannt bin, vollen Einsatz zu bringen, wenn es drauf ankommt. Filmpartner haben durchweg einen großen Respekt vor mir, da ich genau weiß, was sich in unserer Branche gehört. Auch Regisseure mögen gern mit mir zusammenarbeiten, da ich die geforderten Darstellungen gut umsetzen kann.

Doch irgendetwas stimmt mit mir nicht. Obwohl ich mich sehr gut durchsetzen kann und auf der ganzen Linie erfolgreich bin, fühle ich mich angespannt, nervös und unsicher. Das ist für mich wirklich paradox. Denn auf der einen Seite habe ich vieles erreicht, wovon die meisten Schauspieler nur träumen können. Auf der anderen Seite verspüre ich ein latentes Unbehagen. Ich könnte überglücklich sein und bin es aber in Wirklichkeit nicht. Hinzukommt, dass ich mich nicht wirklich mit meinen Filmpartnern austauschen kann, da doch oftmals ein gewisser Konkurrenzkampf besteht. Was sollen sie denn auch über mich denken, wenn ich erzählen würde, dass ich mich vermehrt unsicher fühle. Tatsächlich bekommt jedoch auch niemand meine Unsicherheit am Set mit.«

»Wie lange verspüren Sie schon diese Unzufriedenheit und leidet Ihre schauspielerische Arbeit darunter?«

Klaus: »Um Ihre Frage beantworten zu können, muss ich noch etwas hinzufügen. Obwohl ich schon mehr als neun Jahre verheiratet bin, es ist im Übrigen meine dritte Ehe, habe ich eine sehr attraktive Jungschauspielerin kennen gelernt. Sie ist erst dreiundzwanzig, wirkt aber durch ihr enormes Selbstbewusstein viel älter und reifer.

Vor einiger Zeit waren wir gemeinsam für ein Filmprojekt vorgesehen. Als dann die Dreharbeiten einige Monate später begannen, kamen wir uns sehr nahe. Eines Abends passierte es dann. Wir hatten gemeinsam einige Bilder in einer anderen Stadt einzuspielen. Es wurde sehr spät und zusammen fuhren wir dann mit einem Taxi ins Hotel. Ohne dass wir Worte verlieren mussten, gingen wir in mein Zimmer. Es war bestimmt eine der schönsten Nächte meines Lebens, obwohl sie nur sehr kurz war, da wir am nächsten Morgen wieder zum Drehort mussten. Ich hatte das Gefühl, die ganze Filmcrew wüsste Bescheid. Doch das war mir in dieser Sekunde völlig egal.

Dieses Erlebnis hat mir irgendwie klargemacht, dass ich mit meinem Leben überhaupt nicht zufrieden bin. Zwar habe ich Geld und Ansehen, doch fühle ich mich nicht wirklich frei. Ich bin zutiefst in eine junge Frau verliebt und lebe doch mit meiner Ehefrau zusammen. Dieses Gefühl der Unzufriedenheit beschleicht mich jetzt schon mehr als ein Jahr.

Ob meine Arbeit darunter leidet? Vielleicht nicht so sehr, aber meine Kollegen bestimmt, da ich oftmals sehr wütend und aufbrausend erscheine. Ich möchte so gern auf meine Umstände einwirken, weiß aber gar nicht genau, wie ich das tun soll. Was ist der Grund für meine Unzufriedenheit?«

»Sie schildern mir heute, dass Sie sehr viel in der Filmbranche erreicht haben. Das stärkt mit Sicherheit Ihr persönliches Ego. Verstehen Sie mich bitte nicht falsch, denn unsere Ich-Stärke sollte schon ausgeprägt sein. Es geht mir vielmehr darum, Ihnen zu veranschaulichen, dass der moderne Mensch immer weniger auf sein Seelenleben achtet. Vernachlässigen wir allerdings unser Innenleben, sind wir zwar in der

Lage, gut zu funktionieren, aber glücklich werden wir so nicht.

Im herkömmlichen Sinne haben Sie alles erreicht, da Sie wirtschaftlich unabhängig und anerkannt sind. Doch muss das nicht zwangsläufig bedeuten, dass Ihr Seelenleben daran maßgeblich beteiligt ist. Wenn wir aus der tiefsten Ebene unseres Selbst tatsächlich wirken, fühlen wir uns lebendig und befreit. Dazu dürfen wir uns allerdings nicht in irgendeinem Lebensmuster verlieren, welches uns nicht wirklich frei sein lässt.«

Klaus: »Ja, aber wie soll das gehen? Ich lebe in Zwängen, wie soll ich die aufgeben?«

»Es geht nicht vordergründig darum, dass Sie etwas aufgeben sollen. Jedoch führen wir heute dieses Gespräch, da Sie für sich erkannt haben, dass irgendetwas in Ihrem Leben nicht stimmt.

Ich möchte mit Ihnen versuchen herauszubekommen, was Sie wirklich möchten.

Glauben Sie, dass Ihre Gefühlswelt im Einklang mit Ihrem tatsächlichen Leben steht?«

Klaus: »Sie meinen, ob ich meine Frau und meinen Beruf liebe?«

»Richtig, was haben Sie selbst für einen Eindruck? Lieben Sie Ihre Frau und Ihre schauspielerische Tätigkeit?«

Klaus: »Es kommt drauf an, was man unter Liebe versteht. Meine Frau und ich sind ein sehr gut eingespieltes Team. Ich könnte auch gar nicht ohne meine Frau klarkommen. Sie hilft mir, in meinem Leben zurechtzukommen. Und sie genießt es sehr, dass ich so viel Geld verdiene, denn dadurch muss sie nicht arbeiten gehen. Wir können uns einhundertprozentig aufeinander verlassen und das schätzen wir sehr aneinander. Ist das Liebe?«

»Nun, es gibt unterschiedliche Formen von Liebe. Doch müssen wir, zwischen der Beziehungsebene und der erotischen Liebe trennen. Viele Paare leben Jahre oder sogar Jahrzehnte lang miteinander zusammen. Doch so hart das jetzt auch für Sie klingen mag, die Frage ist tatsächlich, aus welcher Motivation heraus, wir Partnerschaften eingehen? Hier gäbe es eine ganze Reihe von Möglichkeiten: Sicherheit, Geborgenheit und gemeinsame Interessen sind nur einige Beispiele. Das möchte ich auf gar keinen Fall verurteilen, denn sich beispielsweise geborgen zu fühlen, kann etwas sehr Schönes sein. Doch ist das tatsächlich Liebe?

Wenn ich einen Menschen liebe, dann deshalb, weil er meine ganzen Sinne erwachen lässt. Mit höchster Konzentration und voller Aufmerksamkeit nehme ich den Menschen, den ich liebe, wahr. Keine Kritik wird laut, da ich diesen Menschen so nehmen kann, wie er tatsächlich ist. Mein sexuelles Bedürfnis ist nicht das Resultat meiner persönlichen Begierde, sondern der größte Ausdruck meiner Liebesfähigkeit. Mit höchster Zärtlichkeit, sowohl auf körperlicher, als auch auf geistiger Ebene, begegne ich dem Menschen, den ich liebe.«

Klaus: »So begannen alle meine drei Ehen, aber mit der Zeit verflüchtigen sich solch romantischen Gefühle. Stattdessen tritt der eigentliche Alltag in den Vordergrund, das ist doch völlig normal, oder?«

»Manche Männer pflegen so sehr ihre Autos, dass, selbst nach vielen Jahren, kaum Gebrauchsspuren zu erkennen sind.

Viele Frauen sind so sorgsam mit ihrer persönlichen Garderobe, dass selbst getragene Kleidungsstücke nach Jahren kaum gebraucht erscheinen.

Diese Beispiele mögen sich jetzt für Sie vielleicht überzogen anhören, aber mir ist es ganz ernst damit. Wenn wir eine Beziehung durch Liebe eingehen, sollten wir alles daran setzen, diese Liebe füreinander nie zu verlieren. Das mag sich erst einmal anstrengend anhören. Aber nur so bewahren wir das eigentliche Glück in uns, nach dem wir uns doch alle sehnen. Es kann doch nicht unser Ziel sein, dass der Mensch, mit dem wir aus Liebe zusammenkommen, irgendwann zur Gewohnheit wird. Denn, wenn das passiert, bleibt oftmals nur noch die Zuflucht in eine heimliche Liebesaffäre. Und auch wenn wir der

Meinung sind, wir würden an der Untreue zum Partner nicht leiden, ist es doch vordergründig ein Betrug an uns selbst. Denn die Leitragenden sind immer wir selbst.«

Klaus: »Ich muss Ihnen ganz ehrlich gestehen, dass ich noch nie so darüber nachgedacht habe. Doch was kann ich tun, um die Liebe wieder in mein alltägliches Leben einfließen zu lassen?«

»Es sollte jetzt weniger darum gehen, dass wir uns gemeinsam überlegen, was Sie im einzelnen verändern können. Das würde mit Sicherheit unser Beratungsgespräch zeitlich sprengen.

Versuchen Sie heute nur zu verstehen, worauf ich hinaus möchte. Ihre Frau und Ihre schauspielerische Tätigkeit sollten nicht weiterhin nur von einer alltäglichen Routine gekennzeichnet sein.

Fangen Sie wieder an, Ihre Ehefrau voller Aufmerksamkeit zu betrachten. Verändern Sie Ihre Lebenssituation, indem Sie versuchen, Gewohnheiten aufzugeben und stattdessen wieder die Liebe einkehren lassen. Wenn Sie wirklich versuchen, das in die Tat umzusetzen, wird sich Ihr Leben mit Bestimmtheit positiv verändern.«

Die Liebe ist nicht ein, sondern der einzige Weg
um glücklich zu werden.

Françoise Sagan

Ein persönliches Gespräch:

Sarah, 21 Jahre, Modell

»Ich komme mit unserer Welt nicht zurecht.«

»Ihre Mutter hatte vor einiger Zeit diesen Termin mit mir vereinbart. Sind Sie heute hier, da Ihre Eltern das so möchten?«

Sarah: »Nein, eine Freundin meiner Mutter war schon mal bei Ihnen. Dadurch ist dieser Kontakt entstanden.

Vielleicht sieht man es mir nicht gleich auf den ersten Blick an, aber ich bin mit meinem Leben nicht zufrieden. Seit zwei Jahren, nachdem ich mein Abitur gemacht habe, arbeite ich als Modell. Ich habe das auch schon während meiner Schulzeit gemacht. Doch war es mir erst einmal wichtiger, mein Abitur zu bestehen. Ich habe es sogar mit der Note 1,0 bestanden, ohne dass ich mich dafür wirklich anstrengen musste. Verstehen Sie mich bitte nicht falsch, aber ich weiß um meine hohe Intelligenz.

Ich habe kaum wirkliche Freunde, schon gar nicht in meinem Alter. Ich kann nur mit Menschen etwas anfangen, die deutlich älter sind, als ich es bin. In den letzten zwei Jahren bin ich durch meinen Job viel in der Welt herumgekommen. Ich habe auch schon sehr viel Geld verdient. Mein Aussehen ist momentan mein Kapital. Es ist jedoch nicht mein Traum, als Modell zu arbeiten, aber so kann ich wenigstens die Welt kennen lernen.

Wenn ich durch die Stadt schlendere, um einkaufen zu gehen, spüre ich immer, wie alle Männer mir hinterher schauen. Betrete ich ein Geschäft, kommen sofort die männlichen Verkäufer auf mich zugerannt und wollen mir behilflich sein.

Viele Frauen würden sich über soviel Aufmerksamkeit bestimmt freuen. Doch ich empfinde das schon fast als eine Last. Die allermeisten Männer sehen mich nur als ein Objekt und nicht als einen Menschen, und das verletzt mich immer wieder aufs Neue. Ich habe ganz bestimmt Hunderte von Anträgen erhalten, aber kein Mann versteht es, mich wirklich erreichen zu können. Alle wollen mich nur besitzen oder mit mir ins Bett steigen. Können die Männer nicht begreifen, dass ich doch auch nur ein ganz normaler Mensch bin? Entschuldigen Sie bitte, dass mir jetzt die Tränen kommen...

Viele Männer haben mich sogar ernsthaft gefragt, ob ich sie heiraten wollte. Ich bin gerade erst einundzwanzig geworden, da denke ich doch noch nicht an eine feste Bindung. Auch habe ich mich kürzlich von meinem Freund getrennt, da er nur noch mit mir zusammen sein wollte.

Wenn ein Mann mir nur hinterher gesehen hat, war er schon total eifersüchtig.

Er hat mir keine Luft zum Atmen gelassen, so dass ich mich von ihm trennen musste. Ich liebe meine Freiheit über alles, das ist doch nichts Schlechtes, oder?«

»Ganz und gar nicht. Die Freiheit sollte uns das Kostbarste sein, was wir haben. Das macht jedoch vielen Menschen Angst.

Doch wir alle sehnen uns nach Liebe, und diese ist unbestreitbar das Kind der Freiheit.«

Sarah: »Das mit der Liebe ist für mich auch solch eine Sache. Wir leben in einer so herzlosen Zeit, dass ich kaum noch an die Liebe glauben kann. Wir alle reden von Liebe, aber keiner ist wirklich bereit, etwas dafür zu tun. Für mich ist Liebe nicht nur ein Gefühl für jemanden, sondern der eigentliche Reifegrad unserer Persönlichkeit. Und obwohl ich noch sehr jung bin, habe ich schon sehr oft von Männern gehört, dass sie mich lieben würden. Aber ich habe vielmehr die Erfahrung gemacht, dass sie mich wie einen Gegenstand besitzen wollen.«

»Sie sagen, die Liebe wäre in der heutigen Zeit so eine Sache: Was meinen Sie damit?«

Sarah: »Für mich bedeutet Liebe nicht nur, dass wir einen Menschen lieben. Ich glaube, dass wir nur jemanden lieben können, wenn wir alles Lebendige lieben. Doch schauen Sie sich doch mal unsere Welt an. Wir gehen rücksichtslos mit der Tierwelt und der Natur um. Was haben Tiere überhaupt noch für einen Wert? Und viele sind doch auch der Meinung, dass Menschen viel höher in der Hierarchie stehen als die Tiere es tun. Doch wo steht das geschrieben?

Wir halten uns als Mensch für so unglaublich schlau. Doch die wenigsten begreifen, dass wir eigentlich gar nichts wissen. Und dann die ganzen Wissenschaftsgläubigen, die alles erklärbar machen wollen und doch überhaupt nichts verstehen. Das Leben ist keine Wissenschaft, sondern ein Erleben von unendlich vielen Fragen.

Ich habe mal gehört, dass über die Hälfte der Menschheit einer Glaubensrichtung angehören. Sie alle sprechen von Demut, aber leben tun es doch nur die wenigsten.«

»Ich verstehe, was Sie meinen. Sie wirken auf mich sehr ernsthaft und erstaunlich reif für Ihr Alter. Woran könnte das Ihrer Meinung nach liegen?«

Sarah: »Diese Frage habe ich mir auch schon oft gestellt. Selbst meine damaligen Lehrer waren oftmals mit mir völlig überfordert. Ich war immer in der Lage, ihnen Fragen zu stellen, worauf sie keine Antworten hatten. Manchmal habe ich allerdings das Gefühl, als sei meine Intelligenz und mein Aussehen eine Strafe. Denn durch meine Intelligenz verstehe ich einfach zuviel und sehe, dass fast überall gelogen und betrogen wird. Die heutige Politik ist doch das beste Beispiel dafür. Diejenigen, die sich am meisten behaupten können, schaffen es ganz nach oben. Ob sie auch tatsächliche Verantwortung übernehmen wollen, ist mehr als fragwürdig. Vielmehr geht es doch um das eigene Prestige.

Auch mein Aussehen macht es mir nicht leichter. Ich konnte zwar viel dadurch erreichen, doch stört es mich sehr, dass ich oftmals wie ein Objekt, das man besitzen möchte, behandelt werde.«

»Wie gehen Ihre Eltern damit um, sind sie in der Lage, Sie zu verstehen?«

Sarah: »Ich glaube, dass meine Mutter um mich besorgt ist. Mein Vater ist viel zu beschäftigt und daher bekommt er von mir nicht so viel mit. Allerdings spricht meine Mutter manchmal mit ihm über mich.

Meine Mutter hat mir empfohlen, dass ich mit Ihnen ein Gespräch vereinbare, da sie selbst nicht wirklich weiter weiß. Ich fühle mich nicht psychisch krank. Ich komme nur mit unserer Welt nicht wirklich zurecht.«

»Was sind Ihre nächsten Zielsetzungen, wollen Sie noch studieren?«

Sarah: »Das weiß ich momentan noch nicht. Wenn ich mir die Mitschüler meines Jahrganges anschaue, die beispielsweise Medizin, Jura oder BWL studieren, da ihre Eltern es geschafft haben, sie dazu zu ermutigen, würde ich lieber etwas ganz anderes machen.«

»Was wünschen sich denn Ihre Eltern? Wollen sie, dass Sie studieren?«

Sarah: »Glücklicherweise haben meine Eltern nie versucht, mich zu beeinflussen. Sie haben wohl frühzeitig erkannt, dass man mir nicht reinreden kann, was ich aus meinem Leben machen möchte.

Die meisten in meinem Alter machen doch entweder das, was die Eltern sich wünschen, oder sie rebellieren und wollen sich stattdessen als Außenseiter betrachtet sehen. Doch beide Varianten sind doch nur die unmittelbaren Reaktionen auf die Wünsche der Eltern.

Mein Problem besteht tatsächlich darin, dass meine Mitmenschen mir nicht helfen können, da sie mir nicht gewachsen sind. Das mag sich jetzt vielleicht für Sie sehr arrogant anhören, aber es ist nur das, was ich empfinde. Die allermeisten Menschen sind doch nur damit beschäftigt, das zu erfüllen, was andere von ihnen erwarten, oder sehen Sie das nicht so?«

»Sie haben schon die außergewöhnliche Gabe, die Dinge richtig einzuschätzen. Ich würde sogar noch einen draufsetzen wollen, indem ich behaupte, dass Menschen vor allem in der westlichen Welt zunehmend ihre eigene Identität verlieren und sich nur noch aus den Augen anderer betrachten können. Im Übrigen bin ich sehr über Ihre Offenheit überrascht, denn nur so kommen wir auch tatsächlich weiter.«

Sarah: »Es fällt mir sehr leicht, mit Ihnen zu sprechen. Ich hatte mir auch unser Gespräch ganz anders vorgestellt. Sie machen nicht den Eindruck auf mich, als würden Sie auf irgendjemanden herabsehen.«

»Warum sollte ich auch? Menschen, die zu mir kommen, suchen in den meisten Fällen nach Ermunterungen und Hilfestellung.

Doch kommen wir wieder zu Ihnen. Was möchten Sie gern noch ansprechen?«

Sarah: »Ich möchte gerne wissen, wie ich in dieser Scheinwelt zurechtkommen kann. In diesem Zusammenhang möchte ich noch gern erwähnen, dass ich schon durch meinem Job als Modell, einige bekannte Menschen kennen gelernt habe, die es sehr weit nach oben geschafft haben. Und Sie können mir glauben, dass es oftmals mehr Schein als tatsächliches Sein ist. Sehr viele in dieser Szene konsumieren Drogen. Treue scheint nur ein unbedeutendes Wort zu sein. Bekannte Männer, die laut Illustrierten eine glückliche Ehe führen, haben mir unmissverständlich angedeutet, dass sie mit mir ins Bett gehen möchten. Mir ist schon klar, dass diese Szene auf Dauer nichts für mich ist. Doch hat sie mir auch die Augen geöffnet.

Was kann ich nur tun, um meinen eigenen Frieden zu finden? Ich habe auch schon überlegt, dass ich ins Ausland gehe. Angebote gäbe es genug.«

»Versuchen Sie momentan nichts zu erzwingen, da Sie dadurch wohl mehr verkrampfen würden, als dass es Ihnen tatsächlich etwas bringen könnte. Seien Sie sich selbst treu und akzeptieren Sie, dass wir alle mit einer bestimmten Aufgabe geboren werden, die wir zu lösen haben. Ihr Aussehen und Ihre wirklich hohe Intelligenz sind sozusagen Bausteine Ihrer ganz individuellen Persönlichkeit. Das ist nichts Gutes und auch nichts Schlechtes. Es ist das, was Ihnen das Leben mitgegeben hat und Sie sollten versuchen, das Beste daraus zu machen.

Ein wahrhaftes Leben bedeutet nicht zwangsläufig an irgendetwas glauben zu müssen, was die meisten anderen vielleicht tun. Beginnen Sie, an Ihr ganz eigenes Leben zu glauben. Begeben Sie sich auf Ihren persönlichen Lebensweg, indem Sie lernen, Zeichen zu deuten, die wir jeden Tag erkennen können. Der Glaube an unser eigenes Leben ist der Beginn von Demütigkeit, die Sie vorhin noch angesprochen haben.

Vertrauen Sie dem Leben und Sie werden mit Sicherheit auch Menschen kennen lernen, die Sie nicht nur besitzen wollen oder Sie körperlich begehren. Wenn Sie das Gefühl haben, von den meisten Menschen nicht verstanden zu werden, ist das keine Katastrophe. Vielen bekannten Künstlern ist es genauso ergangen und sie haben versucht, sich durch ihre Werke auszudrücken.

Auch möchte ich Ihnen gern empfehlen, die Kunst für sich selbst zu nutzen, sowohl im persönlichen Ausdruck, beispielsweise selbst zu malen oder zu schreiben, als sie auch passiv zu genießen. Finden Sie Bücher, durch die Sie sich verstanden fühlen. Gehen Sie auf die Suche und finden heraus, was sich für Sie gut anfühlt.

Es gibt auch wahrhafte Menschen, wie Sie es sind. Sie müssen nur Ausschau halten und sich Menschen gegenüber öffnen, wie Sie es heute bei mir getan haben. Sie sind bestimmt ein besonderer Mensch. Das sollten Sie nie vergessen. Können Sie verstehen, was ich meine?«

Sarah: »Ich verstehe Sie. Nur muss ich das, was Sie mir gerade erklärt haben, erst einmal wirken lassen. Sie sprachen Bücher einiger Autoren an, durch die ich mich vielleicht verstanden fühlen könnte. Gibt es Bücher, die Sie empfehlen würden?«

»Das mit dem Empfehlen ist solch eine Sache. Für mich ist ein Buch erst einmal eine Art der Energie. Entweder fühlen wir uns zu einem Autoren hingezogen, oder die ersten Sätze erscheinen uns so trivial, dass kein Funke überspringt. Doch nach unserem persönlichen Gespräch habe ich den Eindruck, dass Sie ein Buch beispielsweise von Erich Fromm „Die Kunst des Liebens" interessieren könnte, wenn Sie das nicht schon kennen. Lassen Sie unser Gespräch gern einmal auf sich wirken. Vielleicht sprechen wir uns bald einmal wieder.«

Unter allen Gefühlen, die der Mensch im Laufe seiner Geschichte entwickelt hat, gibt es wohl keines, in dem das einfache Menschsein so rein wie in der Zärtlichkeit zum Ausdruck kommt.

Erich Fromm

Ein persönliches Gespräch:

Christina, 36 Jahre, Modedesignerin

»Ich kann nicht mehr mit meinem Mann schlafen.«

Christina: »Ich bin ziemlich nervös und daher weiß ich gar nicht, wie ich beginnen soll. Es ist für mich das erste Mal, dass ich versuche, mir außerhalb meines Freundeskreises Rat einzuholen. Allerdings habe ich schon mit meiner besten Freundin über mein Problem gesprochen. Und sie hat mir empfohlen, professionelle Hilfe in Anspruch zu nehmen.«

»Tatsächlich gehört immer etwas Mut dazu, seine Probleme mit jemanden zu besprechen, den wir gar nicht kennen. Doch Sie haben sich entschieden, mich aufzusuchen.

Was ist denn der eigentliche Grund, warum sind Sie heute bei mir?«

Christina: »Ich lebe seit mehr als neun Jahren mit meinem Mann zusammen. Er ist beruflich sehr erfolgreich, was auf mich irgendwie einen großen Eindruck macht. Doch trotzdem bin ich nicht mehr in der Lage, mit ihm zu schlafen. Und das geht jetzt schon mehr als ein Jahr so. Doch ich kann überhaupt nicht sagen, woran es liegt. Was ist mit mir los?«

»Sie sagen, dass es großen Eindruck auf Sie macht, dass Ihr Mann erfolgreich sei. Was meinen Sie damit? Und glauben Sie, Ihren Mann zu lieben?«

Christina: »Mein Mann hat beruflich sogar große Macht und das wirkt auf mich sehr reizvoll. Ich glaube, viele Frauen mögen es, wenn ihr Mann erfolgreich ist. Damit wirkt er stark und das hat etwas Beschützendes.

Die Frage, ob ich meinen Mann liebe, kann ich wohl mit „ja" beantworten. Jedoch bin ich mir gar nicht wirklich sicher, was Liebe überhaupt bedeutet. Mein Mann gibt mir die nötige Geborgenheit und ich fühle mich durch ihn sehr sicher. Das ist doch Liebe, oder?

In den ersten Jahren war es übrigens sehr schön, mit meinem Mann zu schlafen. Doch irgendetwas hat sich in unserer Beziehung geändert und macht es mir unmöglich, mit meinem Mann intim zu sein.«

»Versuchen Sie mir bitte genauer zu erklären, was sich in Ihrer Beziehung geändert hat. Und haben Sie grundsätzlich kein Bedürfnis nach Sexualität oder bezieht es sich nur auf Ihren Mann?«

Christina: »Ihre Frage macht mich irgendwie verlegen. Denn so habe ich noch nie darüber nachgedacht. Es ist tatsächlich so, dass mein Bedürfnis nach sexueller Intimität noch vorhanden ist. Ich sehne mich sogar sehr danach, kann mich aber nicht mehr auf meinen Mann einlassen. In den letzten Jahren habe ich den Eindruck, mein Mann beachtet mich nicht mehr so, wie er es zu Beginn unserer Beziehung getan hat. Wir leben heute mehr nebeneinander her, und das stört mich sehr. Wenn ich meinen Mann darauf anspreche, sagt er nur, dass er beruflich sehr angespannt sei und ihm viel durch den Kopf gehen würde. Ich habe übrigens sehr große Angst davor, dass mein Mann etwas mit einer anderen Frau haben könnte. Ich glaube, er ist sehr frustriert darüber, dass wir schon seit mehr als einem Jahr nicht mehr miteinander geschlafen haben. Er möchte mit mir intim sein und ich kann nicht, das ist ein echtes Dilemma. Was kann ich bloß tun?«

»Die Sexualität ist bei Frauen oftmals viel komplexer als bei den meisten Männern. Das liegt daran, dass die Sexualität bei der Frau im Kopf beginnt. Ist beispielsweise die Atmosphäre innerhalb einer Beziehung gestört, fällt es den meisten Frauen sehr viel schwerer, Intimität zuzulassen. Damit meine ich, dass die weibliche Intimität nicht erst dann beginnt, wenn sie mit ihrem Mann schläft. Vielmehr ist entscheidend, dass im Vorfeld die richtige Harmonie entstanden ist.

Sie sagten mir, dass Ihr Mann Sie nicht mehr richtig beachten würde. Hierin kann der Grund liegen, warum Sie sich nicht mehr intim auf Ihren Mann einlassen können. Hinzukommt, dass Sie immer mehr unter Druck stehen, Ihrem Mann das geben zu wollen, was er sich wünscht. Dadurch entsteht sehr oft eine Blockade, die sich immer mehr verfestigt und kaum noch überwindbar scheint. Wenn dann noch die Angst in Ihnen besteht, Ihr Mann könnte vielleicht etwas mit einer anderen Frau haben, ist kaum noch ein Ausweg erkennbar.«

Christina: »Obwohl ich das zuvor nie so hätte erklären können, sprechen Sie mir aus der Seele. Ich fühle mich so blockiert, dass ich mich nicht mehr auf meinen Mann intim einlassen kann. Und das macht mich wirklich sehr traurig. Doch sagen Sie mir bitte, wie ich diese unangenehme Blockade auflösen kann. Glauben Sie, ich liebe meinen Mann überhaupt noch?«

»Wenn Sie Ihre Blockade auflösen möchten, dann muss das auch im Einklang mit Ihrem Mann geschehen. Versuchen Sie nicht, sich vordergründig zu etwas zu zwingen, was Sie momentan nicht können. Sprechen Sie auch mit Ihrem Mann darüber, wie sie sich wieder näher kommen können. Es hängt viel davon ab, ob Ihr Mann bereit sein wird, Sie zu verstehen und auch versucht, Sie zu unterstützen.

Ihre Frage, ob Sie Ihren Mann lieben, ist nicht damit zu beantworten, ob Sie sich bei ihm sicher und geborgen fühlen. Vielmehr ist unsere Liebe darin begründet, wenn wir unseren Partner oder unsere Partnerin voller Aufmerksamkeit wahrnehmen. Wir empfinden eine tiefe Konzentration in uns, wenn wir mit unserer geliebten Person zusammen sind. Mit absoluter Zärtlichkeit begegnen wir denjenigen, den wir doch lieben. Wenn wir jedoch mit unserem geliebten Menschen zusammenleben, kann die Konzentration schnell verloren gehen und unsere Liebe ist in höchster Gefahr. Das sollten wir immer bedenken.«

Christina: »Wie Sie die Liebe beschreiben, so habe ich sie anfänglich für meinen Mann empfunden. Jedoch ließ unsere Aufmerksamkeit füreinander über die Jahre nach. Das ist wirklich erschreckend, denn ich habe meinen Mann wirklich sehr geliebt. Durch unser Gespräch kommen in mir Zweifel auf, ob ich das überhaupt noch tue. Kann es nach Ihrer Meinung sein, dass ich deshalb kaum noch das Bedürfnis verspüre, mit meinem Mann zu schlafen, weil unsere Liebe vielleicht sogar gar nicht mehr existiert? Können wir die Liebe zurückgewinnen?«

»Wenn wir einen Menschen auf erotischer Ebene wirklich lieben, verspüren wir das Bedürfnis nach sexueller Intimität. Wenn jedoch die Aufmerksamkeit für den Menschen, den wir lieben, schwindet, wird in den meisten Fällen auch die erotische Anziehung nachlassen. Das ist ein ganz normaler Prozess. Deshalb ist es von elementarster Wichtigkeit, den Menschen, den wir lieben, konzentriert und voller Aufmerksamkeit wahrzunehmen. Den meisten Menschen erscheint das zu anstrengend. Doch wenn wir erst einmal die Liebe zum Partner oder zur Partnerin verloren haben, beginnt die tatsächliche Anstrengung. Die eigene Liebe lebendig zu halten, mag uns vielleicht mühsam erscheinen. Aber es ist die einzige Möglichkeit, eine dauerhafte Liebe, nach der wir uns doch alle sehnen, aufrechtzuerhalten.

Versuchen Sie, die Liebe zu Ihrem Mann wieder zurückzugewinnen. Auch Ihr Mann sollte mit dazu beitragen, dass sie sich wieder näher kommen. Es ist nie zu spät, einen zweiten Anlauf zu wagen.

Fangen Sie wieder an, Ihren Mann wirklich wahrzunehmen. Konzentrieren Sie sich auf das, was Sie auch anfänglich besonders an ihm geschätzt haben. Mit Sicherheit bleibt es nur ein Versuch, denn die Liebe lässt sich nicht einfach wieder zurückgewinnen. Doch wenn Sie mit Ihrem Mann alles unternommen haben, um wieder die Liebe zu erfahren, werden Sie bestimmt mit dem Ergebnis zufrieden sein.

Lassen Sie sich wieder aufeinander ein und Sie werden erfahren, wo Ihr Weg hingehen wird.«

Liebe ist das Bedürfnis zu geben und nicht,
wie viele meinen, zu nehmen.

Ein persönliches Gespräch:

Gustav, 37 Jahre, freiberuflicher Journalist

»Ich fühle mich als Außenseiter.«

Gustav: »Ich bin heute bei Ihnen, da ich mich momentan sehr unwohl fühle. Irgendetwas belastet mich wirklich sehr. Es nimmt mir meine ganze Lebensfreude. Normalerweise kenne ich das gar nicht. Auch meine Freunde kennen mich nur als den Gutgelaunten, mit dem man gerne Kontakt hat. Doch jetzt fühle ich mich so niedergeschlagen, dass ich kaum noch das Bedürfnis verspüre, mich mit irgendjemanden auseinander zu setzen. Auch meine Arbeit leidet darunter, da ich mich nicht mehr konzentrieren kann. Ich fühle eine tiefe Traurigkeit. Was ist nur los mit mir?«

»Wie lange haben Sie schon das Gefühl der Niedergeschlagenheit? Und was glauben Sie selbst, könnte der eigentliche Anlass für Ihren Kummer sein?«

Gustav: »Vielleicht geht das schon seit etwa vier Monaten so. Es begann damit, dass sich meine damalige Freundin von mir getrennt hat. Sie konnte einfach nicht mehr mit mir zusammen sein, da sie mich für einen totalen Außenseiter hält. Im Grunde genommen hat sie auch Recht, da ich selbst das Gefühl habe, ein Außenseiter zu sein. Doch der Verlust schmerzt mich wirklich sehr. Denn ich liebe diese Frau noch immer. Es war tatsächlich Liebe auf den ersten Blick. Ich weiß nicht, ob Sie an so etwas glauben, aber ich bin davon überzeugt, dass man sich in wenigen Sekunden in jemanden total verlieben kann.

Vor etwa einem Jahr habe ich sie kennen gelernt. Selten habe ich zuvor solch eine hübsche Frau gesehen. Verstehen Sie mich bitte nicht falsch, denn das Aussehen steht normalerweise bei mir nicht an erster Stelle. Bei dieser Frau kommt noch hinzu, dass sie eine wirklich außergewöhnliche Ausstrahlung besitzt, die mich in ihren Bann gezogen hat. Für mich ist sie eine absolute Traumfrau. Sie kommt aus einem eher konservativem Elternhaus und ist eine ausgebildete Medizinerin. Ich bin mehr der Typ, der die Welt in Frage stellt. Sie jedoch ist mehr der rationale Mensch, der die Welt so nimmt, wie sie ist. Doch ich glaube, dass ich als Journalist zuviel verstanden habe. Die Welt ist mit Sicherheit nicht in Ordnung. Mehr als zwei Drittel der Weltbevölkerung leben in Armut. Und wir in der westlichen Welt können uns zwar alles leisten, sind aber trotzdem überhaupt nicht glücklich. Wir konsumieren Drogen, Medikamente und Alkohol. Das ist doch eine kranke Welt, oder? Hinzukommt, dass es als Journalist immer schwieriger wird, über kritische Themen zu berichten, da die meisten Redaktionen solche Berichte ablehnen. Mein Bedürfnis als Journalist ist es jedoch, den Leser über die Missstände in der Welt aufzuklären. Doch ich habe immer mehr den Eindruck, dass Zeitungsverlage ganz andere Interessen besitzen, was wir als Mensch zu lesen haben. Ich möchte so gern auf die Umstände, die in unserer Welt vorherrschen, hinweisen, sehe aber kaum eine Möglichkeit. Und das macht mich wütend und ohnmächtig zugleich. Ich sehe mich selbst als einen Humanisten und ich bin davon überzeugt, dass alle Menschen Brüder sind. Doch die meisten verhalten sich nicht danach. Was soll ich bloß tun? Glauben Sie, ich leide an einer Depression?«

»Ich möchte erst einmal sagen, dass es nicht wenige Menschen gibt, die ähnlich empfinden, wie Sie es tun. Immer mehr Menschen sehen sich als

Außenseiter. Und das ist mit Sicherheit eine Entwicklung, die ich überhaupt nicht begrüßen kann. Es ist kein Problem, wenn wir selbst den Wunsch verspüren, uns außerhalb des gesellschaftlichen Systems zu bewegen. Doch wenn eine Gesellschaftsform Außenseiter erschafft, ist das ein absoluter Skandal.

Doch dieses soll jetzt nicht das Thema sein. Darf ich als erstes einmal fragen, ob Sie noch im Kontakt mit Ihrer damaligen Freundin stehen?«

Gustav: »Ab und zu sehe ich sie noch, aber wir sprechen dann nicht miteinander. Sie hat mir zu verstehen gegeben, dass sie es besser fände, wenn wir keinen Kontakt mehr haben. Sie ist halt der Meinung, dass unser Verhältnis beendet sei. Doch das tut mir nur noch viel mehr weh. Ich glaube, dass ich wohl alles tun würde, um wieder mit ihr zusammen zu sein. Jedoch kann ich nicht aus meiner Haut heraus, denn ich glaube, irgendwie doch auch authentisch in meiner Persönlichkeit zu sein. Glauben Sie, ich kann sie irgendwann für mich zurückgewinnen?«

»Sie sagten zuvor, dass es Ihre Traumfrau sei und fragten mich, ob ich an die Liebe auf den ersten Blick glauben würde. Sicherlich ist es möglich, einen Menschen anzutreffen, der uns so sehr fasziniert, dass wir dann auch von Liebe sprechen. Doch ich selbst unterscheide schon zwischen einer Verliebtheit und der tatsächlichen Liebe. Die Verliebtheit gibt uns ein so wunderbares Gefühl. Wir vergessen alles, was um uns herum geschieht. Es sind mit Sicherheit die schönsten Stunden, die wir in unserem Leben erfahren. Die Liebe ist schon einiges mehr. Denn in uns entsteht mitunter ein Verantwortungsgefühl für die geliebte Person. Mit voller Beachtung und Rücksicht begegnen wir diesem Menschen immer wieder. Auch wenn vielleicht einmal die

Stimmung bei der Person, die wir lieben, umschlägt, sind wir doch in der Lage, durch unser Mitgefühl zu verstehen, was in dem Anderen vor sich geht. Das ist meine Auffassung von Liebe. Die Frage, ob Sie Ihre Freundin zurückgewinnen können, ist jedoch für mich nicht zu beantworten. Da sie sich von Ihnen getrennt hat, müsste sie von sich aus wieder auf Sie zukommen.«

Gustav: »Ja, auch ich sehe das ganz genau so. Liebe ist mehr als nur eine Verliebtheit. Ich hätte es nur nicht so ausdrücken können, wie Sie es tun. Jedoch glaube ich, dass ich meine Freundin wirklich sehr vermisse. Ich habe das Gefühl, als sei sie irgendwie ein Teil von mir. Ist so etwas möglich? Und haben Sie den Eindruck, ich würde tatsächlich meine Freundin lieben und sie mich vielleicht auch noch?«

»Es ist für Sie bestimmt ein sehr großer Schmerz, Ihre Freundin zu vermissen. Der wird wohl auch noch einige Zeit anhalten. Doch ich glaube, dass Ihnen momentan nur die Traurigkeit helfen kann. Damit meine ich, dass Sie nur eine innerliche Bereinigung erfahren können, wenn Sie die Trauer zulassen. Es macht keinen Sinn, wenn Sie versuchen, Ihre Traurigkeit zu verdrängen. Wenn sich ein Mensch von uns trennt, den wir lieben, ist das unausweichlich mit seelischen Schmerzen verbunden. Unser Seelenleben hat seine ganz eigenen Gesetze. Es ist nicht möglich, einen Menschen zu lieben und gleichzeitig auf eventuelle schmerzvolle Momente verzichten zu können. Liebe und das Leid liegen halt sehr dicht beieinander. Wenn uns unser Seelenleben durch die Liebe zu einen Menschen beglückt, erfahren wir bestimmt den eigenen Sinn des Lebens. Und auf dieses schöne Gefühl wollen wir nicht verzichten. Dazu müssen wir allerdings unsere Seele ganz öffnen, da die Liebe aus ihr entspringt. Wir können uns dann jedoch nicht vor seelischem Leid schützen. Sonst müssten wir gezwungenermaßen auch unsere Liebesgefühle untersagen und das wollen wir nicht.«

Gustav: »Das verstehe ich. Sie meinen, dass ich traurig sein muss, um den Schmerz, den ich empfinde, überwinden zu können. Doch wie lange wird das wohl andauern?«

»Ganz richtig! Ihre empfundene Traurigkeit ist der Ausdruck Ihres eigenen Seelenlebens. Wehren Sie sich nicht gegen diesen Schmerz. Lassen Sie ihn zu, damit Ihre Seele wieder rein werden kann. Wie lange das anhalten wird, hängt davon ab, ob Sie die Traurigkeit wirklich zulassen.

Sie fragten mich auch noch, ob es möglich sei, dass Ihre Partnerin ein Teil von Ihnen ist. Tatsächlich ist es so, dass wir uns meistens in einen Menschen verlieben, der die andere Seite unserer eigenen Persönlichkeit widerspiegelt. Das passiert allerdings mehr unbewusst. So ist es beispielsweise möglich, dass wir eine zutiefst ernsthafte Seite an uns haben, die wir jedoch gar nicht erkennen oder vielleicht sogar ignorieren. Ein Mensch, in den wir uns spontan verlieben, repräsentiert dann vielleicht diese ernsthafte Seite und dadurch entsteht die eigentliche Anziehung. Eine andere Möglichkeit ist beispielsweise, dass wir sehr tiefe Gefühle in uns tragen, die wir jedoch nicht wirklich wahrnehmen. Eine Person, die ihre eigene Gefühlswelt zur Schau stellt, berührt uns vielleicht so sehr, dass wir uns deshalb in diesen Menschen verlieben. Es gibt nicht umsonst den Ausdruck „meine bessere Hälfte." Wir haben alle das Bedürfnis, uns mit einem anderen Mensch zu verbinden, um so eine Vollständigkeit der eigenen Identität zu erfahren.

Tatsächlich sind wir in der Lage, uns über einen Menschen, in den wir uns verlieben, selbst besser kennen zu lernen. Doch genau davor haben wir am meisten Angst. Viele Beziehungen scheitern oder kommen erst gar nicht zustande, da uns niemand erklärt, dass wir die Mitte finden müssen zwischen „sich in dem Anderen zu verlieren und tatsächliche Nähe zuzulassen." Was bedeutet das? Viele Menschen haben unbewusst panische Angst davor, ihre eigene Identität durch die Liebe zu einer Person zu verlieren. Das hat oftmals zur Folge, dass entweder nur oberflächliche oder gar keine Beziehungen eingegangen werden. Der andere Versuch besteht darin, sich seiner eigenen Persönlichkeit zu entledigen, indem der Partner oder die Partnerin stellvertretend unsere Identität einnimmt. Hierbei spricht man von der Bildung einer „Symbiose" als den Versuch, mit einer Person dauerhaft eins zu werden.«

Gustav: »Es klingt für mich alles so richtig. Ich habe nur den Eindruck, dass ich mir das alles gar nicht merken kann.«

»Sie brauchen sich das, was ich Ihnen sage, nicht zu merken. Versuchen Sie nur zu verstehen, was ich Ihnen erkläre. Ich schlage an dieser Stelle vor, wir sehen uns nächste Woche noch einmal und sprechen dann weiter.«

Wer nie sein sei Brot mit Tränen aß,

Wer nie die kummervollen Nächte

Auf seinem Bette weinend saß,

Der kennt euch nicht, ihr himmlischen Mächte.

Johann Wolfgang von Goethe

2. Teil, Gespräch mit Gustav

»Wir hatten letzte Woche unser erstes Gespräch, welches wir nun fortsetzen wollen. Wie geht es Ihnen heute?«

Gustav: »Mir geht es besser, ich bin aber noch sehr traurig, dass ich nicht mehr mit meiner Freundin zusammen sein kann. Doch ich erkenne, dass es richtig ist, seine Traurigkeit zuzulassen, um wieder freier zu werden.«

»Wie ich schon sagte, die Seele sucht nach ihrem Ausdruck. Traurigkeit ist nichts, was wir meiden sollten. Denn in ihr finden wir den höchsten Ausdruck von Lebendigkeit. Ich wurde in diesem Zusammenhang schon oft gefragt, ob die Traurigkeit eine Art der Depression sei. Sicherlich wäre es ein einseitiger Ausdruck unserer Seele, wenn wir nur die Traurigkeit empfänden. Doch ist unsere Seele nicht zwangsläufig krank, wenn wir uns traurig fühlen. Dagegen ist die Depression vielmehr das Gefühl, uns von der Außenwelt abgetrennt zu erfahren. Das bedeutet, wir fühlen keine wahre Lebendigkeit mehr in uns.

Doch kommen wir wieder zu Ihnen. Sie sagten mir in der letzten Woche, dass Sie mit Ihrer beruflichen Situation nicht zufrieden seien und sich auch als Außenseiter empfänden. Können Sie mir noch mehr darüber sagen, damit wir Ihrem Problem näher kommen können?«

Gustav: »Es war ohnehin mein heutiges Anliegen, weitere Fragen mit Ihnen zu klären. Denn ich habe das Gefühl, dass das Scheitern meiner Beziehung unmittelbar mit meiner beruflichen Situation zusammenhängt. Ich habe mich entschieden, als freiberuflicher Journalist tätig zu sein. Doch es fällt mir schwer, in diesem Bereich Anerkennung zu erhalten. Das war mit Sicherheit auch ein Problem in meiner letzten Beziehung. Denn die Unzufriedenheit hat meine damalige Freundin mitbekommen.

Ich suche tatsächlich nach Antworten. Ich habe manchmal das Gefühl, ich sei nicht normal. Denn ich möchte eigentlich gar kein Außenseiter sein. Es ist nur so, dass mein Empfinden und Denken kaum mit dem meiner Mitmenschen übereinstimmt. Ich habe beispielsweise den Eindruck, dass die Welt viel besser wäre, gäbe es gar keine Medien. Verstehen Sie mich jetzt bitte nicht falsch. Ich bin schon froh, dass wir das lesen können, was in unserer Welt passiert. Auch ich selbst schreibe gern und freue mich, wenn ich mich über dieses Medium mitteilen kann.

Doch wie ich schon letzte Woche sagte, gewinne ich immer mehr den Eindruck, dass Zeitungsverlage oftmals nicht darin bemüht sind, echte Berichterstattung zu betreiben. Hinzukommt, dass man als Journalist immer weniger Zeit hat, wirklich zu recherchieren. Tatsache ist, dass jeder Verlag wirtschaftlich existieren muss. Mit anderen Worten, Zeitungsverlage sind selbst Wirtschaftsunternehmen. Und deshalb erscheint es mir als selbstverständlich, dass eine wahrhafte Berichterstattung nur zweitrangig sein kann. Können Sie nachvollziehen, was ich meine? Mit solch einer Erkenntnis ist es doch klar, dass ich zum Außenseiter werde.«

»Sie haben festgestellt, dass wohl auch Ihre Beziehung auseinander ging, da Sie beruflich keine wirkliche Bestätigung erhalten. Es ist tatsächlich oftmals zu beobachten, dass fehlende berufliche Anerkennung, eine Beziehung förmlich lähmen kann. Jeder Mensch sucht nach einer sinnvollen Aufgabe. Wenn uns diese aus irgendwelchen Gründen versagt bleibt, fühlen wir uns nicht lebendig. Und das wirkt sich auf eine Beziehung nicht positiv aus.

Nun sagten Sie aber auch, dass Sie ein Mensch seien, der alles hinterfragen würde und sehen sich daher auch als Außenseiter. Sie sind sogar der Meinung, vielleicht nicht normal zu sein. In der letzten Woche sagten Sie mir allerdings auch, dass Sie den Eindruck hätten, irgendwie authentisch zu sein.

Der Grund für Ihre unterschiedlichen Auffassungen liegt darin, dass Sie sich momentan selbst zu sehr hinterfragen. Das ist an sich nichts Verkehrtes. Doch es macht Sie zurzeit unsicher. Wenn Sie ein Mensch sind, der grundsätzlich Ereignisse, die in unserer Welt stattfinden, hinterfragt, ist das mit Sicherheit völlig in Ordnung. Das ist ein Merkmal Ihrer Persönlichkeit. Die Frage, ob Sie vielleicht nicht normal sind, sollten wir genauer betrachten. Was ist eigentlich normal? Um es auf die Spitze zu treiben, steckt hinter diesem Ausdruck nicht mehr als das Verständnis, sich so zu verhalten, wie es die meisten Menschen tun. Ist das allerdings Ihr persönlicher Wunsch? Solange ich Sie nun in unseren beiden Gesprächen beobachten kann, sind Sie nicht der Typ von Mensch, der so sein möchte, wie es die meisten anderen sind. Seien Sie dankbar über Ihre Andersartigkeit. Das macht Sie doch tatsächlich aus. Wir müssen einsehen, dass wir nicht so sein können, wie es vielleicht die anderen von uns erwarten. Lieben wir einen Menschen, der aber nicht unsere Ansichten teilen kann, ist eine Trennung wohl unvermeidlich. Es ist nicht möglich, dass zu sein, was eine andere Person sich von uns erwünscht. Versuchen Sie, Ihren ganz eigenen Weg zu finden. Damit schaffen Sie auch die beste Voraussetzung, eine Partnerin zu finden, die zu Ihnen passt.

Was Ihre berufliche Situation angeht, sollten Sie nicht verzagen und alles daran setzen, sich Anerkennung zu verschaffen, indem Sie darüber schreiben, was Ihnen auf dem Herzen liegt. Wenn Sie wirklich bereit sind, einen Leidensweg durchzustehen, kann sich am Ende der Erfolg auch einstellen. Sie haben hohe Ideale und richtige Erkenntnisse. Setzen Sie sich für das ein, was Ihnen richtig erscheint. Es ist der Sinn Ihres ganz eigenen Lebens. Haben Sie den Mut, weiterzumachen. Normalität bedeutet, so zu sein, wie die meisten anderen. Das ist nicht Ihre Persönlichkeit. Seien Sie darin bemüht, Ihre Autonomie zu bewahren. Seien Sie weiterhin gern ein Außenseiter, denn das macht Sie wirklich aus. Versuchen Sie Ihrem persönlichen Leid nicht aus dem Wege zu gehen, sondern nehmen Sie diese Herausforderung ohne Furcht an. Wir haben zwar die Möglichkeit, auf unser unmittelbares Leben einzuwirken, aber das Leben bestimmt auch uns. Diese Tatsache sollten wir nicht aus den Augen verlieren.«

Der Wille, das zu sein, was man in Wahrheit ist,
ist das Gegenteil von Verzweiflung.

Søren Kierkegaard

Ein persönliches Gespräch:

Susanne, 33 Jahre, Juristin

»Ich liebe zwei Männer.«

»Sie haben mit mir diesen Termin vereinbart, da Ihnen etwas auf dem Herzen liegt. Wie kann ich Ihnen helfen?«

Susanne: »Ich weiß gar nicht, ob Sie mir helfen können. Normalerweise löse ich selbst meine Probleme. Das kann ich auch sehr gut, da ich eine selbstbewusste und emanzipierte Frau bin und auch genau weiß, was ich will. Trotzdem möchte ich einfach mal Ihren Rat hören.«

»Es klingt für mich erst einmal so, als wollten Sie nur ein geistiges Gespräch stattfinden lassen.

Doch sagen Sie mir bitte, was unser Thema sein soll?«

Susanne: »Nun, ich lebe seit sieben Jahren mit meinem Mann zusammen. Wir haben vor drei Jahren geheiratet und überlegen uns auch, ob wir Kinder haben wollen. Vor etwa einem halben Jahr habe ich Christian kennen gelernt. Es war auf einer Feier meiner Freundin, die ihren Geburtstag groß gefeiert hat. Mein Mann war nicht dabei, da er für seine Firma auf einem Wochenendseminar in der Schweiz war.

Ich sah Christian und war sofort wie vom Blitz getroffen. Er ist ein wirklich feiner Mensch, sehr sensibel, hoch gebildet und wirklich gut aussehend. Das einzige, was mich an ihm irritiert, ist die Art, wie er sein Leben bestreitet. Er hält sich für einen Künstler. Ich habe mir auch mal seine Bilder, die er malt, angesehen, kann aber nicht viel dabei empfinden. Wenn ich ihn frage, wie er zukünftig als Künstler existieren möchte, sagt er nur, dass er sich sicher sei, auf dem richtigen Weg zu sein. Ich selbst kann mit seinem Optimismus nicht viel anfangen. Ich brauche absolute Klarheit für mein Leben, sonst würde ich verrückt werden. Tatsache ist aber, dass ich in Christian total verliebt bin. Wenn ich beispielsweise mit ihm schlafe, bringt er mich so sehr in Ekstase, wie es mein Mann noch nie geschafft hat. Christian hat mich im Sturm erobert, er ist wirklich ein unglaublich guter Liebhaber. Wenn er doch bloß beruflich etwas richtiges anstellen würde, wäre er der Mann meines Lebens. Er spricht sogar davon, mich heiraten zu wollen, wenn ich mich doch endlich von meinem Mann trennen würde. Ich habe ihm gesagt, dass mein Mann mir absolute Sicherheit garantiert, da er beruflich sehr erfolgreich ist.

Wenn ich das Christian sage, fängt er immer wieder an zu weinen und beteuert mir, wie sehr er mich doch lieben würde und dass ich die Frau seines Lebens sei. Doch wie kann ich mit einem Mann leben, dessen Existenz überhaupt nicht gesichert ist? Hätte er wenigstens viel Geld, aber nicht einmal das hat er. Meine Freundin rät mir immer, dass ich Christian als Liebhaber behalten sollte. Aber er trennt sich ohnehin nicht von mir, da er mich viel zu sehr liebt. Und meinen Mann sollte ich auf gar keinem Fall aufgeben, da er eine wirklich gute Partie ist.

Und, was würden Sie mir denn raten?«

»Darf ich Sie erst einmal fragen, ob Sie unter diesen Umständen leiden? Weiß Ihr Mann etwas von Christian?«

Susanne: »Warum sollte ich unter diesen Umständen leiden? Ich bin eine erfolgreiche Frau und mein Mann gibt mir Sicherheit und erhöht sogar noch mein gesellschaftliches Ansehen. Christian gibt mir das, was ich gefühlsmäßig brauche. Mein Mann weiß selbstverständlich nichts von Christian, der würde das auch nicht verstehen können. Außerdem möchte ich ihn auch nicht unnötig verletzen.«

»Was wäre, wenn Ihr Mann von Christian erfahren würde, ließe er sich dann von Ihnen scheiden?«

Susanne: »Mein Mann und ich haben noch niemals über solche Angelegenheiten gesprochen. Selbstverständlich wäre er nicht begeistert, aber er wird es ja auch nicht erfahren.

Manchmal habe ich allerdings Angst davor, dass Christian irgendetwas anstellt, indem er mir vielleicht Blumen vor meine Tür legt. Ich habe Christian auch schon darauf angesprochen und er sagt mir immer, dass er so etwas nicht tun würde. Aber wer weiß, vielleicht kommt er doch noch auf solch eine Idee, in der Hoffnung, mein Mann würde sich dann von mir trennen.«

»Spürt Ihr Mann nicht, dass Sie eine Affäre haben?«

Susanne: »Mein Mann ist beruflich sehr beschäftigt, so dass er wohl weniger darüber nachdenken wird, ob ich etwas mit einem anderen Mann habe.

Wir sind ein solch gut eingespieltes Team, dass wir uns gegenseitig nicht hinterfragen. Wir sind uns darin einig, dass unser Erfolg im Mittelpunkt steht. Dafür tun wir beide alles.«

»Was bedeutet für Sie Erfolg, und lieben Sie Ihren Mann?«

Susanne: »Erfolg bedeutet für mich, eine hohe gesellschaftliche Anerkennung zu genießen. Ob ich meinen Mann liebe? Na klar, auf niemanden kann ich mich so gut verlassen, wie auf ihn.«

»Bedeutet Liebe für Sie Verlässlichkeit?«

Susanne: »Ich habe mich entschieden, mit meinem Mann alt werden zu wollen, dass bedeutet für mich Liebe. Und dazu muss ich mich auf meinen Mann verlassen können. Was soll denn sonst Liebe bedeuten? Worauf wollen Sie mit Ihrer Frage hinaus?«

»Bevor ich auf Ihre Frage eingehen möchte, schildern Sie mir doch noch mal die ersten Begegnungen mit Ihrem heutigen Mann.«

Susanne: »Wir haben uns während des Jurastudiums kennen gelernt. Mir war damals schon klar, dass er beruflich bestimmt etwas auf die Beine stellen wird. Er ist ein ganz gradliniger Typ. Was er angeht, gelingt ihm auch. Das hat mir immer sehr imponiert. Wir waren von Anfang an ein Team und haben uns gegenseitig geholfen, dass zu erreichen, wo wir heute stehen. Wir sind erfolgreich, worum uns heute sehr viele Menschen beneiden.«

»Um erst einmal auf Ihre Frage einzugehen, möchte ich sagen, dass Liebe für mich vordergründig „Lebendigkeit" bedeutet. Liebe bedeutet jedoch auch „Einfühlungsvermögen", „Achtsamkeit", „Respekt" und volle „Aufmerksamkeit" dem Menschen gegenüber, der unser Herz erreicht hat.

Unser Bedürfnis nach Liebe ist nicht gleichzusetzen mit Sicherheit, Geborgenheit und, dass uns ein anderer Mensch zur beruflichen Anerkennung verhilft. Denn tatsächlich gibt es in Wirklichkeit gar keine Sicherheit. Liebende Lebendigkeit bedeutet, die Unsicherheit, die das Leben tatsächlich ausmacht, anzunehmen. Das Bedürfnis nach Geborgenheit, ist das Gefühl eines Kindes, welches Schutz bei den Eltern sucht.

Doch der reife Mensch sucht nicht nach Obhut, sondern möchte seine volle Konzentration auf den Menschen richten, den er liebt. Denn er weiß, dass seine Konzentration mit absoluter Lebendigkeit gleichzusetzen ist, wogegen Langeweile Unlebendigkeit impliziert und somit das Gegenteil von Liebe ist.

Wenn wir nach der Hilfe eines Menschen suchen, der uns zu mehr gesellschaftlicher Anerkennung verhelfen kann, ist es ein Akt der Freundschaft, aber Liebe ist es mit Sicherheit nicht. Liebe ist nicht das Bedürfnis zu nehmen, sondern nur dasjenige zu geben. Das bedeutet für mich Liebe.«

Susanne: »Wenn Sie jetzt behaupten wollen, ich würde meinen Mann nicht lieben, ist es eine Unverschämtheit von Ihnen.«

»Ich habe nicht behauptet, Sie würden Ihren Mann nicht lieben. Lediglich habe ich versucht, Ihnen zu erklären, was Liebe bedeuten kann.«

Susanne: »Das kommt doch aufs Gleiche raus. Ich werde doch besser wissen, ob ich meinen Mann liebe oder nicht. Woher nehmen Sie sich das Recht zu behaupten, Sie wüssten was Liebe bedeutet?«

»Ich nehme Sie jetzt schon eine ganze Zeit wahr. Sie sind eine intelligente und kluge Frau, die genau weiß, was Sie will. Hinzukommt, dass Sie sehr kämpferisch sind. In diesem Punkt zolle ich Ihnen meinen ganzen Respekt. Doch wir sitzen heute nicht hier, um miteinander zu debattieren, was richtig oder falsch ist. Wenn ich beispielsweise rechtliche Probleme habe, suche ich mir einen Rechtsberater, der mir zu meinen Fragen Auskünfte geben kann. Wenn es um die Psyche des Menschen geht, werde ich aufgesucht, um zu helfen. Mit der Liebe beschäftige ich mich schon so lange, dass ich tatsächlich darüber sprechen kann.

Sie sind heute hier, da Sie für sich etwas klären wollen. Bitte sehen Sie unser Gespräch nicht als einen Kampf an. Sie müssen nicht alle meine

Meinungen akzeptieren, aber lassen Sie sich mehr auf das ein, was ich Ihnen versuche, verständlich zu machen. Wir müssen nicht alles heute klären. Denken Sie einmal in Ruhe über unser Gespräch nach. Und wenn Sie möchten, sehen wir uns ein anderes Mal wieder.«

Die psychische Aufgabe, der man sich stellen kann und muss, ist nicht, sich sicher zu fühlen, sondern zu lernen, die Unsicherheit ohne Panik und unangebrachte Angst zu ertragen.

Erich Fromm

Ein persönliches Gespräch:

Wolfgang, 49 Jahre, Ingenieur

»Ich leide unter den politischen Umständen.«

»Sie baten mich um ein persönliches Gespräch. Worüber möchten Sie mit mir sprechen?«

Wolfgang: »Ich möchte mich mit Ihnen über die politischen Umstände unterhalten, die mich wirklich krank machen. Soweit ich zurückblicken kann, bin ich politisch interessiert. Es geht mir persönlich darum, dass ich glaube, dass die Bundesrepublik immer undemokratischer wird. Ich selbst sehe mich als einen Humanisten, der noch an die Menschenliebe glaubt.«

»Darf ich Sie fragen, was für Sie Demokratie bedeutet und warum Sie glauben, dass die Bundesrepublik immer undemokratischer wird?«

Wolfgang: »Demokratie bedeutet, dass ein Volk wahrheitsgemäß über die Umstände informiert wird, welche tatsächlich vorherrschen. Jedoch ist doch klar, dass die Medien sehr oft nur darüber informieren, worüber sie berichten wollen. Ich bin davon überzeugt, dass die Medien immer mehr Einfluss auf unsere Politik nehmen. Hinzukommt, dass sich die Medien immer mehr untereinander verknüpfen, so dass es kaum noch möglich ist, unabhängige Berichterstattung zu bekommen. Ich möchte in diesem Zusammenhang gern Beispiele anführen. Ist das für Sie in Ordnung?«

»Wenn wir uns Ihrer Problematik annähern wollen, müssen wir auch Ihre Auffassung in Betracht ziehen.

Beginnen Sie doch bitte zu erzählen.«

Wolfgang: »Wie Sie bestimmt wissen, ist der Rohstoff „Öl" sehr knapp geworden. Nun fahren aber unsere Autos leider nicht mit Wasser und daher muss der Rohstoff auf Teufel komm raus beschafft werden. Kriege werden inszeniert, um Länder, wie beispielsweise den Irak, anzugreifen, die noch über Ölressourcen verfügen. Das durch diesen entsetzlichen Krieg hunderttausende Menschen umkamen, interessiert wohl kaum noch einen.

Tatsächlich werden sogar die Forderungen lauter, den Irak-Krieg nicht mehr zu beachten, im Übrigen auch in der deutschen Politik. Die Befürworter des Irak-Krieges, haben die „Büchse der Pandora" geöffnet und so konnte das ganze Unheil auf einem Schlag herauskommen. Und es werden mit Sicherheit noch viele Jahre vergehen müssen, bis wieder Ruhe in diesem Land einkehren kann. Doch die Narben dieses sinnlosen Krieges werden wohl nie vergehen.«

»Leider werden immer wieder Kriege geführt, die sehr sinnlos erscheinen und viele unschuldige Opfer fordern.

Wieweit war Deutschland, nach Ihrer Auffassung, politisch beteiligt?«

Wolfgang: »Dazu möchte ich den Wahlkampf 2002 erwähnen. Der damalige Bundeskanzler Gerhard Schröder sagte zu jener Zeit, dass er gegen den bevorstehenden Irak-Krieg sei, was in der breiten Bevölkerung sehr gut ankam.

Gerhard Schröder wurde, wohl vor diesem Hintergrund, wieder zum Bundeskanzler gewählt. Einige Monate später wurde immer deutlicher, dass der Irak-Krieg nicht mehr abzuwenden war. Die US-amerikanische Regierung, angeführt durch den Präsidenten George W. Bush, war fest entschlossen, diesen Krieg zu führen. Und in Deutschland sprach sich tatsächlich die Oppositionsführerin Angela Merkel für diesen sinnlosen und bestialischen Krieg aus.

Im März 2003 wurde dann tatsächlich der Irak angegriffen. Ich war fassungslos, denn ich wusste, dass unschuldige Menschen, darunter auch viele Kinder, diesen abscheulichen Krieg nicht überleben würden.

Aber ich traute meinen Ohren nicht, denn Frau Merkel sprach sich jetzt noch viel deutlicher für diesen Krieg aus. Wenige Tage nach Kriegsbeginn sagte sie beispielsweise in den Nachrichten des ZDF-Fernsehens, dass sie die Vereinigten

Staaten von Amerika und deren Soldatinnen und Soldaten unterstütze.

Die Solidarität von Angela Merkel zu den USA und zum geführten Irak-Krieg verstummten erst einmal nicht. Im Jahr 2005 gab es nach der Vertrauensfrage des Bundeskanzlers Gerhard Schröder Neuwahlen. Mit nur knapper Mehrheit gewann tatsächlich die damalige Oppositionsführerin die Bundestagswahl. Doch warum erinnerten sich bei dieser Wahl nur so wenige an ihre ständigen Aussagen über den Irak-Krieg? Deutschland war doch in der breiten Masse gegen diesen Krieg.

Hatte das Volk wirklich diese Wahl entschieden? Die Wahrheit ist wohl eher darin zu finden, dass sich ein Großteil der Medien dafür entschieden hatte, Bundeskanzler Gerhard Schröder zu Fall zu bringen. An seine Stelle sollte Angela Merkel kommen.«

»Sie sagen, dass die Wahl wohl vordergründig von den Medien entschieden worden ist. Darf ich Sie fragen, wie Sie zu dieser Annahme kommen?«

Wolfgang: »Ich habe den Wahlkampf aufmerksam durch verschiedene Zeitungen verfolgt. Dabei kam ich zur Erkenntnis, dass kaum wirkliche Objektivität bewahrt wurde. Es wurde im Wahlkampf kaum über den Krieg berichtet. Stattdessen ging es vordergründig um die hohe Arbeitslosenzahl in Deutschland. Schuld war nach Zeitungsaussagen eindeutig die alte Regierung. So wurde in etwa berichtet, dass sich die Arbeitslosenzahlen deutlich verringern würden, wenn die CDU wieder an die Macht kommen würde, und zwar unter der Leitung von Angela Merkel. Und da wohl den meisten Menschen in Deutschland die Innenpolitik wichtiger erscheint als die Außenpolitik und sehr viele annahmen, mit der neuen Regierung würden auch wieder mehr Arbeitsplätze entstehen, war Schluss mit der alten Regierung.

Wie Sie selbst wissen, reichte es trotzdem der CDU nicht, mit dem Wunschpartner FDP eine neue Regierung zu bilden. Somit wurde eine große Koalition aus CDU und SPD gebildet. Die Medien behaupteten durchweg, dass es der Wunsch des Volkes sei, dass sich eine große Koalition bildet. Ich hatte damals auch meinen Stimmzettel in der Hand, konnte aber kein Feld entdecken, auf dem stand „für eine große Koalition - bitte hier ankreuzen."«

»Was bedrückt Sie denn jetzt maßgeblich? Können Sie mir das noch genauer schildern?«

Wolfgang: »Mir stellt sich wirklich die Frage, ob es tatsächlich nur meine ganz persönliche Enttäuschung ist, dass Angela Merkel, trotz ihrer immer wieder betonten Solidarität für den Irak-Krieg zur Bundeskanzlerin ernannt wurde, oder ob es ein Unding ist, dass sie für ihre Aussagen nicht konsequent abgestraft worden ist?

Jedenfalls bleibt zu vermuten, dass die Wirtschaft für sich große Vorteile sieht, da die heutige Bundeskanzlerin leichter zu führen ist, als es der ehemalige Kanzler Gerhard Schröder war. Zu selbstbewusst war sein Auftreten und das hat sehr vielen nicht geschmeckt. Und genauso wie in Amerika der Präsident George W. Bush eine Marionette seiner Regierung und damit der Wirtschaft ist, so ist dies hier zu Lande wohl die Bundeskanzlerin Angela Merkel.

Diese Begebenheit ist mit absoluter Sicherheit nur die Spitze des Eisberges. Menschlichkeit und Nächstenliebe werden immer wieder mit Füßen getreten.

Eigentlich sollte man doch annehmen, dass wir aus der Geschichte der Menschheit gelernt haben. Doch wenn ich mich so umschaue, wird mir klar, dass die Welt noch niemals so in Unordnung geraten ist.«

»Was wäre denn für Sie die politische Alternative gewesen? Und was wollte denn, nach Ihrer Meinung, tatsächlich die Bevölkerung?«

Wolfgang: »Nun möchte ich erst einmal sagen, dass ich nicht die SPD favorisiere. Ich glaube allerdings, dass ein Gleichgewicht der beiden großen Partein sehr wichtig ist. Meiner Meinung nach, hatte das Volk sich tatsächlich für eine eher linke Regierung entschieden, denn dieses Lager hatte die Mehrheit. Was ist denn nach der Koalitionsbildung noch von der SPD übrig geblieben? Spätestens im Jahre 2009 gibt es die nächste

Bundestagswahl. Glauben Sie, dass dann die SPD überhaupt noch relevant ist? Die haben sich selbst durch die Bildung einer großen Koalition ins Abseits gebracht. Und das ist nach meiner Meinung eine Tatsache.

Ich habe sehr die Zeiten geschätzt, wo noch ein Willy Brandt oder Helmut Schmidt regiert haben, denn das waren noch wirkliche Persönlichkeiten. Hinzukommt, dass nach meiner Meinung Helmut Kohl, mit seinen sechzehn Jahren Amtszeit, viel zu lange regiert hatte. Die eigentliche Frage ist doch, was wollen die Medien? Und diese Frage ist doch auch gleich die Antwort.«

»Mir fällt erst einmal auf, dass Sie tatsächlich politisch sehr interessiert sind. Sie sprachen in diesem Zusammenhang auch von Menschlichkeit und Nächstenliebe. Sind Sie politisch aktiv oder gehören Sie einer Religion an?«

Wolfgang: »Nein, ich bin politisch nicht aktiv. Auch kommt eine Glaubensrichtung für mich nicht in Frage.

Ich leide sehr unter den geschilderten Umständen. Was kann ich nur tun?«

»Sie sind ein guter Beobachter des politischen Geschehens, das steht außer Frage. Jedoch fällt mir auch auf, dass Sie tatsächlich eine große Enttäuschung über die geschilderten Umstände in sich tragen.

Ihre eigentliche Aufgabe kann nur darin liegen, dass Sie nicht nur die Geschehnisse, die Sie zweifellos bewegen, in sich aufnehmen. Sie brauchen auch genauso einen Ausdruck. Deshalb hatte ich auch gefragt, ob Sie politisch aktiv sind. Sie leiden, da Sie seelisch von den Umständen berührt werden.

Versuchen Sie einmal, sich die Seele wie einen Ballon vorzustellen. Das, was wir tagtäglich erfahren, ist sozusagen die Luft, die in den Ballon gepustet wird. Wenn wir allerdings nicht möchten, dass der Ballon zerplatzt, müssen wir zur richtigen Zeit aufhören, weiter Luft zuzuführen. Dagegen ist der seelische Ausdruck gewissermaßen das Auslassventil, welches dann zum Einsatz kommt, wenn zuviel Luft in den Ballon eindringt. Ich möchte Ihnen damit veranschaulichen, dass es für Ihr seelisches Gleichgewicht notwendig ist, dass der Eingang in Ihr Seelenleben nicht höher sein darf als der Ausgang.«

Wolfgang: »So wurde mir dass seelische Prinzip noch nie erklärt. Aber das macht auf mich einen sinnvollen Eindruck.

Sind Sie der Meinung, dass ich nur unter den politischen Umständen leide, da ich keinen wirklichen seelischen Ausdruck finde?«

»Ganz so habe ich es nicht gemeint. Natürlich ist Ihre Enttäuschung nicht nur das Resultat fehlenden seelischen Ausdruckes. Sie sind mit den geschilderten Geschehnissen nicht einverstanden. Das ist völlig nachvollziehbar. Ich meine vielmehr, dass Sie nur soviel an sich heranlassen sollten, wie Sie später auch wieder zum Ausdruck bringen können. An den meisten Umständen können wir nicht viel ändern. Aber Sie sollten trotzdem versuchen, nicht so sehr darunter zu leiden, sonst ist es sogar möglich, dass Sie sich damit ernsthaft schaden.«

Wolfgang: »Ist nicht aber die Welt so schlecht, weil wir alle immer nur wegsehen, damit wir nicht zuviel leiden müssen?«

»Ich bin nicht der Meinung, dass wir wegschauen sollten. Es geht vielmehr darum, dass unser seelisches Gleichgewicht nicht dauerhaft durcheinander kommen sollte. Wenn wir eine Form finden, die es uns ermöglicht, seelische Eindrücke auch wieder zum Ausdruck zu bringen, sollten wir das auch tatsächlich tun.

Politische und gesellschaftliche Verantwortung sollte jeder übernehmen, sonst wäre es kein soziales Miteinander. Versuchen Sie jedoch, mehr Einklang zu finden. Die seelischen Eindrücke dürfen den notwendigen Ausdruck nicht überschreiten.

Zu Beginn sagten Sie, dass die Umstände Sie krank machen würden. Tatsächlich kann sich unser seelischer Zustand auf der körperlichen und geistigen Ebene auswirken. Krankheiten entstehen auch dadurch, dass wir seelische Probleme oftmals nicht bewältigen können. Wenn wir nicht die Notwendigkeit erkennen, dass unser Seelenleben von höchster Bedeutung ist, können wir nicht gesund bleiben.

Das ist unser seelisches Prinzip, welches wir nie aus den Augen verlieren sollen. Versuchen Sie das zu beherzigen und Sie werden sehen, dass es Ihnen damit sicherlich besser gehen wird.«

Wir entdecken nur, was uns wirklich trägt,

wenn alles andere, von dem wir dachten,

es trüge uns, uns nicht mehr trägt.

Carl Gustav Jung

Ein persönliches Gespräch:

Michaela, 28 Jahre, Lehrerin

»Ich kann mich oft selbst nicht verstehen.«

Michaela: »Meine Freundin war vor einiger Zeit bei Ihnen und sie hat mir sehr positiv von diesem Gespräch berichtet. Sie sagte mir, dass ich auch einmal versuchen sollte, mit Ihnen ein Gespräch zu führen. Und jetzt bin ich tatsächlich hier.«

»Ich freue mich, dass Sie heute da sind. Was möchten Sie denn mit mir besprechen?«

Michaela: »Ich habe mich intensiv auf dieses Gespräch vorbereitet, aber irgendwie weiß ich gar nicht, wo ich anfangen soll. Ich glaube nämlich, dass es sich bei mir nicht um ein ganz bestimmtes Problem handelt. Es sind eigentlich viele kleine Probleme. Vielleicht ist aber meine Hauptfrage, wer ich eigentlich bin. Können Sie verstehen, was ich meine?«

»Sie sind, wie Sie mir gesagt haben, eine berufstätige Lehrerin. Auch machen Sie auf mich einen sehr selbstbewussten Eindruck. Was meinen Sie mit der Frage - was ich eigentlich bin?«

Michaela: »Meine Eltern sind sehr konservativ und daran interessiert, was ich aus meinem Leben mache. Soweit ich zurückdenken kann, wollten sie immer, dass ich mein Abitur mache und danach studiere. Es fiel mir im Übrigen nicht schwer, mein Abitur zu machen. Auch das Studium war kein Problem, es fällt mir einfach leicht zu lernen. Aber irgendwie habe ich das Gefühl, dass ich immer nur das gemacht habe, was meine

Eltern von mir erwartet haben. Mir scheint es so, als hätte ich nie das gemacht, was ich eigentlich wollte. Und dadurch stellt sich mir immer mehr die Frage, wer ich eigentlich bin? Ich möchte versuchen herauszubekommen, was meine ganz persönlichen Wünsche sind. Wissen Sie, was ich meine?«

»Ich glaube jetzt in etwa zu verstehen, was Sie wohl meinen. Sie haben immer nur das gemacht, was Ihre Eltern von Ihnen wollten. Das reicht Ihnen aber nicht aus und das ist auch völlig verständlich. Wir werden als Mensch nicht dafür geboren, nur unseren Eltern gerecht zu werden.

Sind Sie denn mit Ihrer beruflichen Laufbahn zufrieden oder war das eine falsche Entscheidung?«

Michaela: »Nein, ich bin sehr gerne Lehrerin. Zu unterrichten gefällt mir sehr gut. Mir fehlt das Gefühl, mich selbst zu lieben. Meine beste Freundin ist so eine, die sich selbst lieben kann. Verstehen Sie mich bitte nicht falsch, aber mit Selbstliebe meine ich nicht so etwas wie Selbstsucht. Meine Freundin ist total natürlich. Aber, was ich ganz besonders an ihr schätze, ist, dass sie sich selbst immer treu bleibt, was mir persönlich sehr schwerfällt. Es ist nicht mein Aussehen, denn ich spüre förmlich, wie sehr mir die Männer auf der Straße hinterher sehen. Viele sind an mir auch ernsthaft interessiert. Ich könnte mich jeden Abend mit einem anderen treffen. Nein, das ist es nicht. Klar habe ich schon oft gehört, dass ich eine attraktive Frau bin. Auch haben mir schon viele Männer gesagt, dass sie mich lieben würden. Aber mir ist es erst einmal wichtiger, mich selbst zu lieben. Das kann doch nicht falsch sein, oder?«

»Das ist überhaupt nicht falsch. Viele Menschen sind zwar der Meinung, dass die Selbstliebe etwas Anstößiges ist, doch das ist nicht richtig. Sich selbst zu lieben, ist die Grundvoraussetzung, um überhaupt andere Menschen lieben zu können. Wenn Sie beginnen, sich tatsächlich mehr mit sich selbst auseinander zu setzen und versuchen, davon abzusehen, was beispielsweise Ihre Eltern von Ihnen wollen, dann fangen Sie ganz automatisch an, sich zu erkennen. Das wiederum wird Ihnen helfen, sich selbst mehr lieben zu können. Es ist sehr wichtig, dass Sie darauf achten, was Ihre ganz eigenen Bedürfnisse sind, nur so können Sie sich selbst näher kommen. Und mit dieser Nähe ist auch die Selbstliebe möglich. Es ist kein egoistisches Verhalten, sich selbst besser verstehen zu wollen. Wir werden geboren und haben damit unsere ganz eigenen Aufgaben. Es reicht nicht aus, wenn wir tatsächlich ein erfülltes Leben haben möchten, nur das zu machen, was andere von uns wollen. Schön, Ihre Eltern haben Ihnen geholfen, sich beruflich zu entwickeln. Aber jetzt sollten Sie beginnen, Ihr ganz eigenes Leben zu erfahren. Vielleicht fällt es Ihren Eltern jetzt schwer, Sie loszulassen. Aber, wenn Sie wirklich mehr verstehen möchten, was Sie ganz persönlich ausmacht, dann sollten Sie alles fallen lassen, was Sie daran hindert. Es ist einen Versuch wert, sich besser kennen zu lernen, um so ein Selbstwertgefühl zu erhalten. Sie sagen, dass es Ihnen manchmal schwerfällt, sich selbst zu verstehen. Also müssen Sie bemüht darin sein, herauszustellen, was Ihre eigenen Wünsche und was die der anderen sind. Wenn Sie das erkennen, werden Sie sich bestimmt besser verstehen.«

Michaela: »Ich glaube, ich verstehe, was Sie meinen. Sich selbst mehr zu betrachten, ist der eigentliche Weg, sich zu lieben. Das hört sich erst einmal für mich sehr richtig an, aber funktioniert das auch im wahren Leben? Und was ist mit den Menschen, mit denen ich tagtäglich zusammen bin? Werden die mich darin bestärken, wenn ich mich mehr erkennen möchte?«

»Zum einen kann ich sagen, dass es Ihnen gelingen wird, wenn Sie auch alles daran setzen, sich selbst wirklich zu betrachten. Sie müssen allerdings auch etwas dafür tun. Aber ich glaube, dass Sie heute nicht zu mir gekommen sind, weil Sie nur mal mit mir sprechen wollten. Dass Sie sich überhaupt damit beschäftigen, der Selbstliebe näher zu kommen, ist der richtige Anfang. Was Ihre Mitmenschen anbelangt, kann ich Ihnen natürlich nicht sagen, wie die sich verhalten werden. Sie werden schon spüren, wer Ihnen dabei behilflich ist oder Ihnen dabei sogar im Wege steht. Doch versuchen Sie sich nicht zu sehr davon abhängig zu machen. Es geht jetzt erst einmal ganz um Ihre eigene persönliche Entwicklung. Und die Menschen in Ihrer Umgebung, die dafür kein Verständnis haben, sollten Sie dann meiden.«

Michaela: »Ich werde mir Ihre Worte durch den Kopf gehen lassen und auch versuchen, sie in die Tat umzusetzen. Mir fällt aber jetzt schon auf, dass mich unser Gespräch irgendwie weitergebracht hat. Darf ich Sie wieder aufsuchen, wenn einige Zeit vergangen ist?«

»Selbstverständlich, ich würde mich freuen, wieder von Ihnen zu hören.«

Heute ist unser letzter Tag und deshalb sag ich dir:
Lass alles von dir fallen, damit du einmal
von ganzem Herzen die Liebe spürst.

Ein persönliches Gespräch:

Sandra, 31 Jahre, Grafikerin

»Ich fühle mich fremd in dieser Welt.«

Sandra: »Ich bin heute zu Ihnen gekommen, da ich ernsthaft darüber nachdenke, ob mit mir etwas nicht stimmt. Üblicherweise spreche ich mit meiner besten Freundin oder mit meiner Familie über meine Sorgen und Probleme. Aber ich habe das Gefühl, dass sie mich nicht wirklich verstehen können. Deshalb möchte ich mir einen professionellen Rat bei Ihnen einholen. Sind Sie tatsächlich in der Lage, mir zu helfen?«

»Danke erst einmal, dass Sie Ihr Vertrauen in mich setzen und heute bei mir sind. Ob ich Ihnen helfen kann, müssen wir erst einmal herausbekommen. Dazu wäre es hilfreich, wenn Sie mir

versuchen zu erklären, was Sie wirklich bedrückt.«

Sandra: »Wo soll ich anfangen? Mein Beruf er-
laubt es mir glücklicherweise, mich künstlerisch
auszudrücken. Darüber bin ich sehr froh. Ich
halte mich für einen sehr sensiblen Menschen
und deshalb entstehen wohl auch meine Probleme. Ich bekomme einfach zu viel mit, was alles
in unserer Welt passiert. Freunde und Bekannte
raten mir immer wieder, dass ich dickhäutiger
werden sollte, damit nicht mehr alles an mich
herankommt. Glauben Sie, ich könnte mich in
diesem Punkt ändern?«

»Ich glaube, dass sich die meisten Menschen,
ganz unbewusst, ein dickes Fell zulegen, damit
sie nicht mehr an den Umständen, in denen wir
leben müssen, zu leiden haben. In Ihrem Fall

scheint es so, als dass Sie Ihre Empfindsamkeit nicht verloren haben. Auch wenn Sie dadurch einen leidvollen Weg gehen müssen, ist es doch erst einmal schön, dass Sie Ihre Sensibilität noch besitzen!«

Sandra: »Es ist wirklich schön, dass mir jemand sagt, dass mein Mitgefühl nicht nur etwas Schlechtes hat. Nach meiner Meinung ist die Welt so kalt geworden. Jeder interessiert sich nur noch für sich selbst, andere sind nur dann interessant, wenn sie uns zu einem Vorteil verhelfen. Ich sehne mich so sehr nach Liebe, und zwar nicht nur nach der partnerschaftlichen, sondern nach Menschenliebe. Wissen Sie, was ich meine?«

»Ich verstehe, was Sie meinen. Alle suchen nach der perfekten Liebe, aber wenn es um die Menschenliebe geht, schließen viele die Augen. Wir wollen jedoch in unserem Gespräch weiter versuchen zu klären, wie ich Ihnen helfen kann.«

Sandra: »Ich weiß, dass ich die Welt, in der ich lebe, nicht verändern kann. Trotzdem möchte ich nicht immer unter meiner Sensibilität leiden. Manchmal kommt es sogar vor, dass Menschen, die ich auf der Straße sehe, mein Mitgefühl erregen und mir die Tränen kommen. Mir ist es dann auch irgendwie peinlich, da keiner versteht, warum ich so traurig aussehe. Sind Sie der Meinung, ich könnte meine Sensibilität verringern und trotzdem noch andere Menschen lieben?«

»Es stellt sich mir die Frage, ob Sie überhaupt Ihre Sensibilität reduzieren wollen und es auch tatsächlich können? Jeder Mensch wird mit einer ganz eigenen Individualität geboren. Sie sind eben ein sehr empfindsamer Mensch. Das ist mit

Sicherheit überhaupt nichts Schlechtes. Wenn die Welt um Sie herum immer kälter wird, wäre es doch falsch, sich dieser anzupassen. Sie sagten mir, dass Sie sich im Berufsleben künstlerisch ausdrücken können und Ihnen das gut tun würde. Versuchen Sie doch auch, Ihr Privatleben auf irgendeine Weise künstlerischer zu leben. Umgeben Sie sich mehr mit Menschen, von denen Sie sich verstanden fühlen. Wenn es momentan niemanden gibt, dann sollten Sie daran nicht verzagen. Es ist doch auch schön, alleine zu sein. Niemand sagt Ihnen, was Sie zu tun haben. Sie gestalten Ihr Leben nur nach Ihren eigenen Wünschen. Der gesellschaftliche Rückzug ist doch eine wirkliche Alternative. Ist das für Sie nicht ein mögliches Modell?«

Sandra: »Ich glaube zu verstehen, was Sie meinen. Aber ich habe große Angst, alleine zu sein. Ich weiß nicht, ob ich es aufgeben kann, unter

Menschen zu sein. Ich möchte nicht einsam sein.«

»Das kann ich verstehen. Sie haben eben, wohl ganz unbewusst, zwei verschiedene Worte gewählt. Einmal das „Alleinsein" und die „Einsamkeit." Tatsächlich besteht ein sehr großer Unterschied in der Bedeutung. Die Einsamkeit entspringt dem Gefühl der Abgetrenntheit. Das bedeutet, wir möchten mit unseren Mitmenschen im Kontakt sein, der jedoch aus irgendwelchen Gründen nicht stattfindet. Das kann uns unter Umständen so sehr weh tun, dass wir ernsthaft leiden. Und dieser Leidenszustand kann unser Seelenleben so sehr betrüben, dass ein massives Angstgefühl entsteht.

Das Alleinsein kann dagegen sehr beglückend sein. Denn, wenn wir alleine sein möchten, fühlen wir uns von unseren Mitmenschen nicht abgetrennt. Es steigt eine Wärme in uns auf, da wir mit uns im Einklang sind.«

Sandra: »Ich habe zuvor nie darüber nachgedacht, aber Sie haben Recht. Nur ist mir noch nicht wirklich klar, wie ich alleine sein kann, ohne mich dabei nicht irgendwie einsam zu fühlen.«

»Sie sollten zukünftig nicht darauf verzichten, soziale Kontakte zu haben. Es ist wichtig, sich auch mit anderen Menschen auszutauschen. Es geht vielmehr darum, dass wir uns selbst entscheiden, wann wir alleine sind oder Kontakt zu anderen Menschen haben. Alleine zu sein bedeutet ja nicht zwangsläufig, in Passivität zu verfallen. Ganz im Gegenteil, wir stehen voll im Leben, wenn es uns gelingt, uns selbst genug zu sein. Denn alles, was wir erleben, geschieht nur in uns selbst. Klar ist es beispielsweise auch schön, zu zweit spazieren zu gehen. Aber wir können das auch gut allein. Wenn wir es erst einmal geschafft haben, allein sein zu können, beglückt uns dieser Zustand immer wieder. Der Anfang mag vielleicht etwas schwer erscheinen, aber es lohnt sich ganz bestimmt, diesen Weg zu gehen.«

Es gibt nichts Anziehenderes als einen Menschen, der liebt und dem man anmerkt, dass er nicht nur irgendetwas oder irgendwen, sondern das Leben liebt.

Erich Fromm

Ein persönliches Gespräch:

Andreas, 35 Jahre,

selbständiger Kaufmann

»Ich verspüre eine undefinierbare Wut in mir.«

»Sie haben angekündigt, dass Sie mit mir ein Problem besprechen möchten, welches Sie sehr bedrückt. Worum geht es denn genau?«

Andreas: »Meine Frage an Sie ist, wie ich meine Wut, die immer mal wieder in mir aufsteigt, unter Kontrolle bekomme?«

»Wie drückt sich diese Wut aus und gegen wen richtet sie sich?«

Andreas: »Das kann ich Ihnen gar nicht genau erklären. Es sind so viele Dinge, die mich in meinem Leben stören. Jedoch empfinde ich ganz besonderen Groll in mir, wenn ich Ungerechtigkeiten beobachte. Aber auch im zwischenmenschlichen Kontakt werde ich schnell aufbrausend. Ich habe allerdings das Gefühl, dass der eigentlich Leidtragende immer ich selbst bin.«

»Wenn wir wütend sind, richtet sich dieses Gefühl immer erst einmal gegen uns selbst. Unsere empfundene Wut braucht jedoch ein Ventil, um sich gewissermaßen entladen zu können. Entweder richten wir sie gegen uns selbst oder andere Menschen werden für uns zum Blitzableiter.

Sie sprachen auch von Ungerechtigkeiten, die Sie beobachten. Was meinen Sie damit?«

Andreas: »Es erzürnt mich ganz besonders die Ungerechtigkeit, der wir tagtäglich ausgeliefert sind. Ich muss hart dafür arbeiten, wie die meisten anderen auch, dass ich mir meinen persönlichen Lebensstandard erhalten kann. Ein Großteil, den ich mit meinem Unternehmen erwirtschafte, geht an das Finanzamt. Wir leisten allesamt unsere Abgaben, damit das Sozialsystem bestehen kann. Jedoch entziehen sich oftmals diejenigen ihrer Verantwortung, denen es wirtschaftlich sehr gut geht. Und in der Bevölkerung entsteht kaum ein wirklicher Protest.«

»Welche Menschen meinen Sie damit, können Sie etwas konkreter werden?«

Andreas: »Wenn ich mich beispielsweise mit Menschen über die hohe Arbeitslosigkeit in Deutschland unterhalte, so haben viele eine eindeutige Meinung zu diesem Thema. So wird auch gern immer wieder festgestellt, dass viel zu viele Personen Arbeitslosengeld einkassieren, ohne einen wirklichen Anspruch zu haben. Tatsächlich ist die Meinung weit verbreitet, Deutschland würde es wirtschaftlich schlecht gehen, da es zu viele Arbeitslose gäbe und der Staat damit finanziell belastet sei. Nicht wenige sind sogar der Meinung, Arbeitslose seien Schmarotzer.«

»Das ist tatsächlich eine weit verbreitete Auffassung. Jedoch wird der Mensch mit dem Bedürfnis geboren, sich in seinem unmittelbaren sozialem Umfeld produktiv einzubringen. Das wird allerdings oftmals in der Auseinandersetzung mit diesem Thema nicht bedacht. Doch erzählen Sie bitte weiter.«

Andreas: »Wenn beispielsweise ein Formel-1-Rennfahrer wie Michael Schumacher seit vielen Jahren seinem Hobby frönt und somit etliche hunderte Millionen einkassiert, ohne in Deutschland Steuern zu zahlen, regt sich kaum jemand auf. Die Tatsache, dass ihm der Rücken auch für sein Vergnügen absolut freigehalten wird, bedenkt wohl kaum einer. Ist so ein soziales Miteinander tatsächlich noch möglich?

Und warum berichten die Medien so wenig über solche bedenklichen Umstände, haben sie selbst etwas zu verbergen? Jedoch berichten sie dann gern über Michael Schumacher, wenn er beispielsweise das Bedürfnis verspürt, für irgendetwas zu spenden. Und die Frage stellt sich mir, ob nicht jeder Wohltätigkeits-Versuch seinerseits eine passende Gelegenheit für ihn darstellt, sein Image in der Öffentlichkeit zu verbessern?

Wir besitzen eine sonderbare Doppelmoral. Arbeitslose, die unter fehlendem Selbstwertgefühl leiden, werden immer wieder drangsaliert. Menschen, die durch das deutsche System finanziell unabhängig wurden, tragen oftmals keine Verantwortung. Wen interessiert beispielsweise, dass im Grundgesetz steht „Eigentum verpflichtet"? Stattdessen treten wir immer wieder die am meisten, die sowieso ganz unten stehen. Die es ganz nach oben geschafft haben, sind unsere vermeintlichen Vorbilder. Ist das nicht in Wirklichkeit ein krankhaftes gesellschaftliches Miteinander?

Und es ist meiner Meinung nach auch ein Unding, wie sich viele Politiker und die Medien herausnehmen, über Menschen zu urteilen, denen jede Perspektive, aus sich etwas machen zu können abhanden gekommen ist.

Dieses Verhalten entspringt mit Sicherheit keiner wirklichen Verantwortung. Tatsächlich ist es eine unmenschliche Haltung, und zwar im höchsten

Maße. Solche Umstände machen mich wirklich rasend.«

»Sie sprechen Umstände an, die tatsächlich fragwürdig sind. Jedoch kommen wir mit unserem Gespräch nicht weiter, wenn wir versuchen wollen, eine Lösung für ungerechte Gegebenheiten zu finden. Klar könnten wir uns revolutionäre Gedanken darüber machen, wie wir wohl gerechter miteinander leben. Doch damit reduzieren wir sicherlich nicht dauerhaft Ihre empfundene Wut.

Erst einmal sollten wir gemeinsam betrachten, dass die Wut in uns selbst auftaucht. Doch wie entsteht diese Aggression in uns? Wir alle haben ganz individuelle Wünsche, die oftmals nicht erfüllt werden. Das hat zur Folge, dass wir immer wieder Enttäuschungen in uns erfahren. Das muss uns gar nicht zwangsläufig bewusst sein. Denn viele Frustrationen entstehen in der frühsten Kindheit und sind daher soweit verdrängt, dass wir annehmen, sie seien gar nicht mehr existent.«

Andreas: »Meinen Sie damit, dass es vordergründig nur meine Frustrationen sind, die mich so unzufrieden machen?«

»Nein, so ist das nicht gemeint. Die Umstände, die Sie angesprochen haben, sind tatsächlich nicht zu rechtfertigen. Das sollten eigentlich viel mehr Leute so empfinden, damit sich gesellschaftlich etwas ändern könnte.

Trotzdem müssen wir differenzieren zwischen eigenen Problemen, die jeder mehr oder weniger besitzt, und solchen, die außerhalb von uns selbst stattfinden. Damit möchte ich Ihnen erklären, dass wir nicht nur nach außen schauen sollten, sondern auch unsere eigene Innenwelt betrachten müssen. Das heißt, wir beobachten erst einmal unsere ganz eigenen Frustrationen. Das mag sich vielleicht für Sie zunächst befremdlich anhören. Doch hierin liegt die einzige Möglichkeit, Ihr wiederholt auftretendes Wutgefühl zu reduzieren.«

Andreas: »Wie kann ich denn, Ihrer Meinung nach, meine ganz eigenen Frustrationen erkennen? Sie sagten auch, dass viele Enttäuschungen in unserer Kindheit entstehen. Ich kann mich allerdings nur sehr schemenhaft an sie erinnern.«

»Es ist völlig normal, dass wir uns nur sehr wenig an unsere Kindheit erinnern können. Doch sie bleibt uns viel präsenter, als wir vielleicht annehmen. Gerade unser Unbewusstes ist der tatsächliche Ausdruck unserer frühsten Kindheit. Und hier müssen wir ansetzen. Denn in unserem

Unterbewusstsein entstehen die eigentlichen Motivationen fürs Leben.

Es gibt unterschiedliche Methoden, wie wir unserem Unterbewusstsein näher kommen. Zwei Möglichkeiten möchte ich in diesem Zusammenhang ansprechen. Zum einen sollten wir beginnen, unsere Nachtträume wahrzunehmen, um sie dann analysieren zu können. Wenn Sie sich mit der Traumdeutung auseinander setzen möchten, gibt es eine Menge Literatur zu diesem Thema.

Eine weitere Form ist die Meditation. Doch was ist unter dieser Methode zu verstehen? Die Meditation ist eine Form des gedankenlosen Zustandes. Wir befinden uns ganz im Hier und Jetzt und unsere Gedanken werden still. Wo wir diesen Zustand erreichen wollen, spielt dabei keine wirkliche Rolle. Wir können beispielsweise im Wald spazieren gehen und versuchen, das wahrzunehmen, was um uns herum geschieht. Oder wir sitzen auf einer großen Wiese unter einem Baum, ganz gedankenfrei. Selbstverständlich können wir auch in einem Café sitzen oder sind zu Hause und konzentrieren uns nur auf uns selbst. Wir fühlen das, was in uns tatsächlich geschieht. Das verstehe ich als Meditation.«

Andreas: »Das hört sich gut an. Doch wie kann ich das umsetzen, denn ich habe nur wenig Zeit?«

»Sie sollten sich die Zeit dafür nehmen, da Sie selbst davon profitieren. Sie sagten mir, dass Sie Ihr Problem bewältigen möchten. Und dazu müssen Sie einfach Zeit investieren. Sie erhalten durch diesen Prozess mehr Selbsterkenntnis. Das ist die eigentliche Aufgabe jedes menschlichen Individuums, was die meisten Menschen verdrängen, da mehr darauf geachtet wird, wie man erfolgreicher werden kann. Doch der eigentliche Erfolg kann nur damit beginnen, dass wir versuchen, uns selbst zu ergründen. Die Selbsterkenntnis sollte in unserem Leben den größten Stellenwert haben. Wir können sie nur erreichen, wenn wir beginnen, uns ganzheitlich selbst zu betrachten.

Damit werden zwar Ungerechtigkeiten nicht auf einmal statthaft, aber Sie erfahren mehr Frieden in sich selbst. Und das soll unser heutiges Gespräch erreicht haben.«

Nie sollten wir den Tag vergessen, an dem wir uns
ohne Gedanken wiederfanden
und voller Freiheit feststellten, dass wir doch noch
die Liebe im Herzen tragen.

Ein persönliches Gespräch:

Maria, 29 Jahre, Kindergärtnerin

»Mir macht die Liebe große Angst.«

Maria: »Ich bin heute bei Ihnen, da ich keine wirkliche Antwort finde, was mit mir eigentlich los ist. Ich fühle mich zutiefst verunsichert und habe wohl momentan die Freude am Leben verloren. Meine ganze Wahrnehmung scheint getrübt. Doch zunächst einmal möchte ich damit beginnen, dass ich mich gerade unter sehr großen Schmerzen von meinem Mann getrennt habe. Der Grund meiner Trennung ist, dass ich herausbekommen habe, dass er etwas mit einer anderen Frau eingegangen ist. Er streitet es zwar ab, aber ich bin mir trotzdem absolut sicher, dass er eine Affäre hatte. Ich möchte hinzufügen, dass ich in meinem Gefühl noch niemals so sehr verletzt und gedemütigt worden bin. Dieser Mann war mal meine große Liebe und er hat mich so sehr enttäuscht. Wochenlang konnte ich nichts anderes mehr tun, als zu weinen. Glücklicherweise habe ich einen verständnisvollen Arzt, der mich einige Wochen krankgeschrieben hat. Er hatte mir auch empfohlen, dass ich mir auf seelischer Ebene professionelle Hilfe suche. Deshalb bin ich heute hier.

Obwohl die Trennung von meinem Mann schon einige Wochen her ist, empfinde ich weiterhin eine Mischung aus großer Traurigkeit und Wut in mir. Es fiel mir nicht leicht, meinen Mann zu verlassen, obwohl er mich doch so sehr gekränkt hat. Jedoch kann ich mit ihm nicht mehr zusammen sein, da Vertrauen für mich die Basis einer Beziehung ist. Und ich könnte ihm mit Sicherheit nie mehr vertrauen.

Ich frage mich in diesem Zusammenhang, warum Menschen immer wieder von Liebe sprechen, wenn sie doch bereit sind, zu betrügen? Ist es wirklich Liebe, wenn wir in einer Partnerschaft sind und uns die Freiheit herausnehmen, auch mal einen Seitensprung haben zu dürfen?«

»Ich möchte gern auf Ihre Frage eingehen. Doch versuchen Sie mir bitte zuvor noch genauer zu erklären, warum Sie heute bei mir sind?«

Maria: »Ich erinnere mich gern an die Zeit zurück, als ich noch unbeschwerte und leichte Kontakte zu Männern haben konnte. Es ging nicht vordergründig darum, eine Verpflichtung einzugehen. Vielmehr war ich in der Lage, ohne große Gedanken männliche Bekanntschaften zu haben, die ich unbeschwert genießen konnte. Doch irgendetwas hat sich in mir verändert. Wenn ich mich heute auf einen Mann einlasse, entstehen Gefühle in mir, die ich überhaupt nicht empfinden möchte.

Ich sehne mich sehr nach Liebe und doch macht sie mir so große Angst.«

»Können Sie mir beschreiben, welche Gefühle Sie genau meinen?«

Maria: »Das fällt mir nicht leicht, denn ich habe immer versucht, diese Empfindungen zu unterdrücken. Auch liegt es mir nicht besonders, meine Empfindungen in Worte zu fassen.«

»Versuchen Sie trotzdem einmal diese Gefühle darzustellen, damit wir Ihrem Problem näher kommen können.«

Maria: »Immer wenn ich mich in einen Mann verliebe, bekomme ich große Angst, verletzt zu werden. Manchmal habe ich den Eindruck, ich kann mich gar nicht mehr richtig öffnen. Auch entstehen sehr schnell Gefühle in mir, wie beispielsweise Eifersucht und Hass. Aber auch Machtkämpfe innerhalb einer Beziehung sind mir nicht fremd. Das möchte ich zwar so überhaupt nicht wahrhaben, verdrängen kann ich diese unangenehmen Empfindungen jedoch nicht. Ich stelle mir schon sehr lange die Frage, ob ich überhaupt in der Lage bin, wirklich zu lieben. Wenn ich durch meinen Beruf mit Kindern zu tun habe, fühle ich mich sicher, da ich sie durchweg für ehrlich halte. Erwachsene Menschen sind dagegen oftmals viel berechnender, was wohl der eigentliche Grund meiner Angst ist. Meine Bindungen zu Männern, die oft mit Liebe begannen, endeten oftmals mit Streit und Hass. Doch warum ist das so?

Können Sie mir sagen, warum so häufig aus Liebe Hass wird. Ist nach Ihrer Meinung die Eifersucht eine normale Begleiterscheinung, wenn wir einen Menschen lieben?«

»Sie sind heute hier, da Sie viele Fragen über die Liebe haben. Als erstes kann ich Ihnen versichern, dass sehr viele Menschen so empfinden, wie Sie es tun. Nur spricht nicht jeder über seine Gefühle. Um auf Ihre erste Frage einzugehen, sollten wir uns beide überlegen, was Treue überhaupt grundsätzlich bedeutet. Wenn wir uns mit einem Menschen verbinden, für den wir Liebe empfinden, stellt sich für uns nicht die Frage nach Treue.

Wir gehen mit unseren Liebesgefühlen so sehr im Anderen auf, dass wir gar nicht das Bedürfnis verspüren, treu sein zu müssen, wir sind es einfach. Schwierig wird es allerdings dann, wenn wir mit einem Menschen zusammen sein wollen und Treue voraussetzen. Damit meine ich nicht, dass Treue etwas Falsches sei. Vielmehr geht es mir darum, Ihnen zu erklären, dass wir nur tatsächlich in der Lage sind, uns erst einmal selbst treu sein zu können. Wir gehen oftmals Beziehungen ein und wünschen uns, dass der Mensch, den wir lieben, uns immer treu bleibt. Der Wunsch ist nur allzu verständlich, denn wer möchte schon innerhalb einer Beziehung enttäuscht werden. Doch es gibt keine wirkliche Verlässlichkeit, wenn wir eine Beziehung eingehen wollen.«

Maria: »Ich habe auch schon oft darüber nachgedacht, ob es überhaupt eine Beständigkeit geben kann. In meinem Bekanntenkreis sind viele davon überzeugt, Liebe sei an der Länge einer Beziehung festzumachen. Doch langsam beginne ich daran zu zweifeln. Sagen Sie mir bitte, welche Alternative gibt es denn nach Ihrer Meinung?«

»Wenn sich zwei Menschen wirklich aufrichtig lieben, ist Untreue kein Thema. Das Problem ist vielmehr, dass wir Beziehungen, Ehen und Partnerschaften eingehen, die nicht immer von wahrhafter Liebe getragen sind. Meine Ansicht mag Sie jetzt vielleicht schockieren, doch ist es mir ganz ernst mit dieser Aussage. Wir können unsere ganze Konzentration auf unseren geliebten Menschen richten, doch entsteht dadurch keine Garantie, dass wir nicht doch auch betrogen werden. Verstehen Sie, worauf ich hinaus möchte?«

Maria: »Mir gefällt es, wenn Sie die Wahrheit aussprechen. Sind Sie jedoch der Auffassung, wir müssten Untreue innerhalb einer Beziehung akzeptieren?«

»Nein, so meine ich das nicht. Sie haben sich gerade von Ihrem Mann getrennt, da er Ihnen untreu war und Sie damit sehr verletzt hat. Solch eine Erfahrung tut sehr weh und wir brauchen sehr viel Zeit, bis wir das wirklich überwunden haben.

Ihre Aufgabe liegt darin, zukünftig lieben zu können, ohne Angst haben zu müssen, immer wieder enttäuscht zu werden. Das soll heute unser gemeinsames Ziel sein.«

Maria: »Sie haben Recht, denn ich möchte unbedingt wieder meine Unbeschwertheit zurückerlangen, die für mich immer so selbstverständlich war. Ich frage mich aber, wie ich meine Angst überwinden kann. Was kann ich tun?«

»Zunächst einmal sollten wir beginnen, zwischen Liebe und dem Wunsch nach Beständigkeit zu trennen. Sie sind bestimmt in der Lage, einen Menschen, den Sie lieben, für immer treu zu sein. Ist es jedoch auch der Mann, mit dem Sie zusammen sein wollen? Hierfür gibt es keine klare Antwort. Machen Sie sich zukünftig nicht abhängig von einem Mann, den Sie lieben. Achten Sie mehr auf sich und das eigene Leben. Sie sollten versuchen, die Konzentration mehr auf sich zu lenken. Mit anderen Worten, genügen Sie sich selbst; beginnen Sie, die Liebe in sich selbst zu entwickeln. Das ist es, was ich Ihnen erklären möchte.«

Maria: »Wenn ich mit einem Mann zusammen bin, fällt es mir überhaupt nicht schwer, treu zu sein. Ich muss mich dazu nicht überwinden.

Sie meinen, dass ich die Konzentration mehr auf mich lenken sollte. Darüber habe ich auch schon nachgedacht. Ich möchte Sie trotzdem noch mal fragen, ob Sie an Treue glauben?«

»Selbstverständlich glaube ich an Treue. Allerdings mehr in dem Sinne, sich selbst treu zu sein. Denn sie ist die eigentliche Voraussetzung, um auch anderen treu sein zu können.«

Maria: »Das klingt für mich erst einmal sehr verständlich. Ich habe jedoch das Gefühl, als hätte ich irgendwie den Glauben an mich selbst verloren, als würde ich mir selbst nicht mehr vertrauen können.«

»Am Anfang des Gespräches haben Sie mir gesagt, dass Ihnen Kinder keine Angst machen. Das liegt daran, dass Ihre Erwartungshaltung gegenüber den Kinder nicht so hoch ist. Wenn Sie sich in einen Mann verlieben, entsteht in Ihnen der Wunsch, dass er Ihre Liebe genauso erwidert. Doch genau davon müssen Sie frei werden und versuchen abzurücken. Hierdurch entsteht tatsächlich die Angst vor Ihren eigenen Gefühlen, wenn Sie lieben. Wenn wir beginnen, den Menschen zu hassen, den wir doch eigentlich lieben, liegt das daran, dass wir in der eigenen Erwartungshaltung enttäuscht wurden. Doch die Täuschung inszenieren wir selbst, indem wir unsere Wünsche auf jemand anderes projizieren.«

Maria: »Wenn Sie das so sagen, klingt das sehr einleuchtend. Es sind wohl auch meine eigenen Vorstellungen, die mich enttäuschen. Ist es nicht jedoch auch normal, dass wir den Wunsch haben, mit einem Menschen glücklich zu werden?«

»Die unglücklichsten Momente im Leben vieler Menschen entstehen durch gescheiterte Beziehungen. Und da dieses den meisten widerfährt, ist es tatsächlich ein normaler Zustand.

Sie fragten mich auch noch zuvor, ob die Eifersucht eine Begleiterscheinung der Liebe sei. Hierzu möchte ich Ihnen sagen, dass uns nur die Eifersucht tatsächlich daran hindern kann, wahrhafte Liebe zu empfinden. Das Gefühl der eigenen Eifersucht lässt die Liebe gar nicht zu. Um es noch deutlicher zu sagen, wer liebt, kennt keine Eifersucht. Wir können keinen Menschen besitzen. Das ist die eigentliche Tatsache. Wenn wir wirklich die Liebe in uns erfahren möchten, müssen wir alles daran setzen, frei zu werden. Die Liebe entsteht nicht durch einen anderen Menschen, sondern ist der Ausdruck unserer ganz eigenen Persönlichkeit.

Konzentrieren Sie sich erst einmal ganz auf sich selbst. Wenn Sie verspüren, dass Sie ganz bei sich angelangt sind, werden Sie aufhören, Wünsche auf andere Menschen zu übertragen. Der Mensch, der sich wirklich selbst liebt, erwartet nichts vom Anderen.«

Maria: »Mir wird langsam klar, worauf Sie hinaus wollen. Ich habe zuvor noch nie darüber nachgedacht, dass ich wohl auch selbst für meine Enttäuschungen verantwortlich bin. Ich werde versuchen, alles daran zu setzen, dass mein Leben sich wieder verändern kann. Sie haben mir die Augen geöffnet, dafür bin ich Ihnen wirklich dankbar. Wenn es mir gelingt, Ihre Worte auch in die Tat umzusetzen, werde ich es Sie wissen lassen.«

»Es ist ganz bestimmt einen Versuch wert. Und ich würde mich freuen, wenn es Ihnen gelänge, die Konzentration erst einmal ganz auf sich zu lenken.«

Unsere Wünsche sind oftmals die Ursache für schmerzhafte Enttäuschungen.

Dagegen sind unsere Träume die Wirklichkeit von morgen.

Schlussgedanken

Was bleibt uns?

Wenn ich schon keine Liebe erfahre,

Möchte ich zumindest von Liebe träumen;

Wenn es auf unserer Erde keinen Frieden gibt,

Werde ich mir den Traum erhalten,

Es könnte Frieden geben;

Bleibt mir die Freiheit für immer versagt,

Möchte ich davon träumen, frei zu sein;

Wenn ich nicht wahrhaft leben darf,

Möchte ich wenigstens glauben,

Gelebt zu haben;

Und wenn ich nicht träume

Bin ich mir sicher,

Nie gelebt zu haben.

Ein abschließendes Wort

Liebe ist die Einsicht, den Kampf
gegen andere aufzugeben
und stattdessen sich selbst zu besiegen.

Kontaktaufnahme zum Autor

Stephan Mayer-Reinach ist Gründer der Praxis für psychologische Lebensberatung Hamburg. Sie erreichen die Praxis im Internet unter:

www.lebensberatung-hamburg.eu

Stephan Mayer-Reinach bietet in der Praxis sowohl Einzelberatungen als auch Seminare an. Mit einen Informations- oder Beratungswunsch können Sie sich gern direkt an ihn wenden:

Praxis für psychologische Lebensberatung Hamburg

Telefon: 0049-(0)40-507 43 397

Email: info@lebensberatung-hamburg.eu